Aus der BIBELOTHEK Reihe

Der Prophet Daniel

Mein Volk wird vertilgt aus Mangel an Erkenntnis (Hosea 4, 6).

Alle Bibelzitate, sofern nicht anders ausgegeben, sind aus
der Luther Bibel von 1912 oder Elberfelder 1871 entnommen.

Impressum:

Adresse:
buch@bibelothek.de

Bibelothek
Postfach 3362
59282 Oelde
Deutschland

ISBN 978-1-4461-8290-1

Alle Informationen, die Sie hier im Buch finden, dürfen Sie ohne bedenken weitersagen und bekanntgeben. Wichtig allein ist, dass Sie niemanden zwingen Ihre Überzeugung anzunehmen.
Der Urheber der Bibel möchte freie, mündige Menschen, die zu Ihm stehen, auf Grund dessen, dass Sie überzeugt sind, dass Er Gott ist und das Beste für Sie möchte. Fügen Sie seinem Wort nichts hinzu oder nehmen Sie etwas davon weg. Leben Sie nach seinen Grundsätzen, in seinen Geboten, die für alle Menschen der Erde gelten.

Inhalt

Vorwort

Hat Gott etwas auf der Erde mit dem Menschen vor, so offenbart er es seinen Knechten, den Propheten, damit durch deren Warnung jeder einzelne vorbereitet ist. (Amos 3, 7)

So ist es auch heute noch. Er warnt, weist zurecht, stärkt was schwach geworden ist und gibt jedem die Möglichkeit dem Übel zu entfliehen. Geht jener aber den Weisungen Gottes aus dem Weg oder schlägt sie offen aus, so lässt Er (Gott) auch keine Entschuldigung zu und lässt jeden auf seinen eigenen, selbst gewählten Wegen gehen. Es war von beginn der Erde an und wird es auch immer bleiben. Jene die dem Wort Gottes glauben wurden gerettet aber, die sein Wort ausschlagen lässt er ins Unglück laufen.

Wir leben in einer Zeit voller Kompromisse. Im Interesse des „Friedens und der Harmonie“ bleibt die Wahrheit auf der Strecke. Viele lesen das Wort Gottes nicht mehr, oder nur noch einzelne Absätze oder Verse daraus. Die Bibel wird nicht mehr als Gesamtwerk das über Jahrhunderte von mehreren Autoren geschrieben wurde und den Willen Gottes kund tut erkannt. Geschweige denn, das die Schreiber durch den Geist Gottes inspiriert, letztlich Seine Worte aufschieben. Die Predigten und der Gottesdienst sollen nur noch die Häuser füllen und Friede verkündet werden.

Durch das beiseite legen der Bibel oder weg lassen, verdrehen von Abschnitten und einzelnen Texten haben „Allerweltsglauben“, Aberglauben und sogar Mystik bei den Bibel-Gläubigen Einzug erhalten. Die verschiedenartigen Medien, wie Fernsehen, sogenannte Fach-Zeitschriften und das Internet tragen mit dazu bei, dass eine völlige Verwirrung über die Wahrheit entsteht.
Die Masse an Informationen und das mühsames zusammentragen von Einzelheiten lässt den Menschen, „der von Natur aus Faul ist“ zurückschrecken und sich nach hinten lehnend meint er dann, dass „jede Art von Religion doch letztendlich zu Gott führt“. Und nach dem Sprichwort „auf jeden Topf passt ein Deckel“, findet dann jeder auch eine Kirchen-Gemeinde in der er sich dann „zur Ruhe setzt“.
In einer Gemeinschaft angekommen, gibt man leicht sein Gehirn an der Tür ab und lässt sich verwöhnen, entspannt, trifft gleichgesinnte, macht Ausflüge. Denn man weiß genau , „nächste Woche sehen wir uns wieder hier“.

Dieses Buch, aus der Reihe Bibelothek, soll kein Lehrbuch irgendeiner Organisation, Kirche oder Gruppierung sein, auch ist es nicht im Stil eines Romans, oder Lebenshilfe geschrieben, noch weist es ein Rezept für irgendeine Art von Erlösung auf. Dieses Buch hat nicht die Absicht die Bibel zu erweitern, sondern Hilfe zur Erklärung ihrer Aussagen und Forderungen zu geben. Die Bibel als Gesamtwerk lädt jeden ein, Gottes Erlösungsplan anzunehmen und fordert zu einer persönlichen, allumfassenden Entscheidung auf.

Die Echtheit der Bibel wird aus ihrem Zusammenhang erkannt. Treu nach dem Wort „die Bibel legt sich selbst aus“ sowie „im Licht der erfüllten Prophetie und archäologischer Funde aus heutiger Zeit wird die Echtheit de Bibel bezeugt“.

DER PROPHET DANIEL

Verfasser	Daniel
Thema:	Erhebung und Fall von Königreichen
Datum der Niederschrift:	6. Jahrh. v. Chr.

DAS BUCH DANIEL, die OFFENBARUNG, sowie die Visionen des Propheten JESAJA und SACHARJA's werden Apokalypse genannt. «Apokalyps» bedeutet Enthüllung.

Wenn die Bosheit in der Welt ihren Höhepunkt erreicht zu haben schien, wenn die bösen Mächte herrschten, gab Gott eine Apokalypse (Enthüllung), um die wirklichen Zusammenhänge hinter dem, was sichtbar war zu zeigen und den endlichen Sieg der Gerechtigkeit auf der Erde zu verkünden. Die Apokalyptischen Schriften enthalten viele Zahlen und Symbole. Gott gebrauchte diese Form, um seinem Volk die Wahrheit klar vor Augen zu stellen.

Der Verfasser dieses Buches ist Daniel, sein Name bedeutet Gott ist mein Richter. Er kam in seiner Jugend nach Babel bei der ersten Deportation unter Nebukadnezar. Er zeichnete sich durch seine Weisheit bald in diesem Land aus, das durch seine weisen Männer berühmt war. Er stieg auf und wurde nach dem Untergang des Babylonischen Reiches einer der drei höchsten Beamten des Medopersischen Reiches. Er lebte in Babel mindestens bis zum Jahre 530 v. Chr.

Das Buch Daniel redet über Könige und Königreiche, über Throne und Gewalten. Es enthüllt eine Anzahl historischer Berichte und vor allem die Prophetien über die Reihenfolge der Königreiche «in den Zeiten der Nationen». Es stellt besonders das Ende dieses Zeitabschnittes dar. Das Buch Daniel enthält auch die einzige Weissagung im Alten Testament über die genaue Zeit des ersten Kommens Jesu.

Dieses Buch wird oft im Neuen Testament zitiert oder angeführt. Auch ist das Buch Daniel der Schlüssel zu der Offenbarung. Die Prophetie des Daniel hat einen großen Einfluss auf die erste Gemeinde ausgeübt

Das Buch kann wie folgt eingeteilt werden:

Daniels frühes Leben am Hofe in Babel	1.
Nebukadnezars Vision des Bildes	2.
Die Errettung der drei hebräischen Männer aus dem Feuerofen	3.
Die Vision und die Demütigung Nebukadnezars	4.
Daniels Erfahrungen unter Balsazar und Darius	5 - 6
Daniels Vision von den vier Tieren	7.
Die Weissagung von der Niederlage der Perser durch die Griechen und von der Entweihung des Opfers Christi	8.
Daniels Gebet und die Weissagung von den siebzig Woche	9.
Daniels letzte und wichtigsten Vision	10. - 12.

Daniel 1

Der 650 Kilometer lange Gewaltmarsch von Jerusalem nach Babylon, den Daniel und seine Freunde als Gefangene zu bewältigen hatten, war nicht die einzige Anfechtung, mit der sie sich herumzuschlagen hatten. Immer wieder werden sie sich gefragt haben: „Wo ist Gott? Wie kann er zulassen, dass uns und unserem Volk so etwas zustößt?“ Doch trotz der Strapazen und aller offenen Fragen, resignierten diese jungen Männer nicht. Auch die völlig veränderten Gegebenheiten des Exils und die Ausbildung am Königshof machte sie nicht wankend in dem Entschluss, Gott und ihrem Glauben treu zu bleiben. Während dieser Zeit blieb Jahwe allerdings ein verborgener Gott für sie, d. h. er offenbarte sich ihnen noch nicht in Träumen oder Visionen. Das bedeutet jedoch nicht, dass er ihnen nicht ständig nahe gewesen wäre und sie mit unsichtbarer Hand geführt hätte.

In Daniel 1 wird dreimal erwähnt, dass Daniel und seine Freunde besonders gesegnet wurden. Dass der für sie zuständige babylonische Beamte ihnen wohl gesonnen war, wird ausdrücklich als von Gott gewirkt beschrieben (Dan 1, 9). Und dass sie ihre Mitstudenten vom Erscheinungsbild her und durch ihre Leistungen weit übertrafen, war auch nicht ihr eigenes Verdienst, sondern Gottes Segen. Er beschenkte sie darüber hinaus mit Einsicht und Verstand (Dan 1, 17), so dass sie ihre Examina vor dem König mit Bravour bestanden und bestens ausgerüstet waren für die Aufgaben, die Gott ihnen in Babylon zugedacht hatte.

Die Erziehung Daniels und seiner Freunde am babylonischen Hof

1 Im dritten Jahr des Reiches Jojakims, des Königs in Juda, kam Nebukadnezar, der König zu Babel,
vor Jerusalem und belagerte es. 2 Und der HERR übergab ihm Jojakim, den König Juda's, und etliche
Gefäße aus dem Hause Gottes; die ließ er führen ins Land Sinear in seines Gottes Haus und tat die
Gefäße in seines Gottes Schatzkammer.
3 Und der König sprach zu Aspenas, seinem obersten Kämmerer, er sollte aus den Kindern Israel
vom königlichen Stamm und Herrenkinder wählen 4 Knaben, die nicht gebrechlich wären, sondern
schöne, vernünftige, weise, kluge und verständige, die da geschickt wären, zu dienen an des Königs
Hofe und zu lernen chaldäische Schrift und Sprache. 5 Solchen bestimmte der König, was man ihnen
täglich geben sollte von seiner Speise und vom Wein, den er selbst trank, daß sie also drei Jahre
auferzogen würden und darnach dem König dienen sollten. 6 Unter diesen war Daniel, Hananja,
Misael und Asarja von den Kindern Juda. 7 Und der oberste Kämmerer gab ihnen Namen und nannte
Daniel Beltsazar und Hananja Sadrach und Misael Mesach und Asarja Abed-Nego.

(1, 1) Das ist das dritte Jahr der Regierung Jojakims nach babylonischer Rechnung (das vierte Jahr nach hebräischer Rechnung, Jer. 25, 1). Die Babylonier nannten das erste Jahr «das Jahr der Thronbesteigung». Daniel wurde in der ersten der drei Deportationen weggeführt. Es war um das Jahr 604 v. Chr.

Die Abfolge der Ereignisse gestaltete sich folgendermaßen:

Josia, der König von Juda verpflichtet den Assyrern, fiel im Sommer 609 v. Chr. in der Nähe von Megiddo im Kampf gegen Pharao Necho. Die Ägypter befanden sich auf einem Feldzug gegen Babylon, als Josia sich ihm in den Weg stellte (2.Kön. 23, 29). Ein genaues Datum für diese Militäraktion Nechos findet sich in der babylonischen Chronik, dem offiziellen Bericht über die ersten elf Herrschaftsjahre Nebukadnezars II. Bei seiner Rückkehr aus Nordsyrien im Herbst desselben Jahres, setzte Necho, Joahas von Juda ab und verschleppte ihn nach Ägypten (2.Kön. 23, 33-35). Anstelle des vom Volk gesalbten jüngeren Sohn Joahs setzte er Jojakim den älteren zum König von Juda (Vers 34) ein.

Die Einsetzung Jojakims als König fand nach dem Rosch Haschana, dem Neujahrsfest im Herbst statt. Daher begann das erste offizielle Jahr der Herrschaft Jojakims im Herbst des Jahres 608 v. Chr. Die Zeitspanne vor dem Neujahrsfest bezeichnete man als das «Thronbesteigungsjahr» oder das Jahr Null. Deshalb begann das in Daniel 1, 1 erwähnte dritte Jahr Jojakims im Herbst 606 v. Chr. und dauerte bis zum Herbst 605. Im Frühjahr dieses Jahres kämpfte Nebukadnezar in Syrien in der Schlacht von Karchemisch (Jer. 46, 2). Im Sommer 605 zog er gegen Jerusalem, zu einer Zeit also, bevor Jojakims viertes Jahr der Herrschaft im Herbst begann.

Nabopolasar, der König des aufkommenden Babylonischen Reiches wollte die Vorherrschaft Ägyptens nicht dulden und sandte seinen Sohn Nebukadnezar gegen den Pharao Necho. Er schlug das Heer des Pharaos am Euphrat bei Karchemis und nahm daraufhin auch Jerusalem ein. (2.Chron. 36, 6) Bei dieser Gelegenheit nahm er auch einen Teil der Tempelgefäße und etliche Jünglinge aus Königlichem Hause mit nach Babylon, wohin er wegen des Todes Nabopolasar ziehen musste. Jojakim wurde dem König von Babel 3 Jahre untertänig (2.Kön. 24, 1), dann aber abtrünnig. Nebukadnezar sandte von neuem Kriegsknechte gegen Jerusalem, Als er dann selbst hinzukam, eroberte er Jerusalem ein zweites mal nach einer Belagerung (598 v. Chr.)

(1, 7) Nach Sitte des Altertums (2.Kön 23, 34 ; 24, 17) erhielten die ausgewählten Jünglinge neue Namen. Anstatt ihrer bedeutungsvollen hebräischen Namen, echt heidnische. Daniel bedeutet «Gott ist mein Richter», Hananja «der Herr begnadigt» und Misael «wer ist Gott?». Dagegen die heidnischen Namen Beltsazar «Fürst des Bel», Sadrach «Erleuchteter der Sonne» und Mesach «Diener des Gottes Nego».
Nego ist der babylonische Mondgott, bei den Griechen Venus genannt.

8 Aber Daniel setzte sich vor in seinem Herzen, daß er sich mit des Königs Speise und mit dem
Wein, den er selbst trank, nicht verunreinigen wollte, und bat den obersten Kämmerer, daß er sich
nicht müßte verunreinigen. 9 Und Gott gab Daniel, daß ihm der oberste Kämmerer günstig und
gnädig ward. 10 Derselbe sprach zu ihm: Ich fürchte mich vor meinem Herrn, dem König, der euch
eure Speise und Trank bestimmt hat; wo er würde sehen, daß eure Angesichter jämmerlicher wären
denn der andern Knaben eures Alters, so brächtet ihr mich bei dem König um mein Leben. 11 Da
sprach Daniel zu dem Aufseher, welchem der oberste Kämmerer Daniel, Hananja, Misael und Asarja
befohlen hatte:
12 Versuche es doch mit deinen Knechten zehn Tage und laß uns geben Gemüse zu essen und
Wasser zu trinken. 13 Und laß dann vor dir unsre Gestalt und der Knaben, so von des Königs Speise
essen, besehen; und darnach du sehen wirst, darnach schaffe mit deinen Knechten.
14 Und er gehorchte ihnen darin und versuchte es mit ihnen zehn Tage. 15 Und nach den zehn Tagen
waren sie schöner und besser bei Leibe denn alle Knaben, so von des Königs Speise aßen. 16 Da tat
der Aufseher ihre verordnete Speise und Trank weg und gab ihnen Gemüse.
17 Aber diesen vier Knaben gab Gott Kunst und Verstand in allerlei Schrift und Weisheit; Daniel
aber gab er Verstand in allen Gesichten und Träumen.
18 Und da die Zeit um war, die der König bestimmt hatte, daß sie sollten hineingebracht werden,
brachte sie der oberste Kämmerer hinein vor Nebukadnezar. 19 Und der König redete mit ihnen, und
ward unter allen niemand gefunden, der Daniel, Hananja, Misael und Asarja gleich wäre; und sie
wurden des Königs Diener. 20 Und der König fand sie in allen Sachen, die er sie fragte zehnmal
klüger und verständiger denn alle Sternseher und Weisen in seinem ganzen Reich. 21 Und Daniel
erlebte das erste Jahr des König Kores.

(1, 8) Bei den Heiden war es Brauch, einen Teil der Nahrung den Göttern zu opfern und sie so die Mahlzeit religiös zu weihen. (5.Mose 32, 37. 38) Nun ist es nicht nur die Auswahl der Lebensmittel selbst, sondern eben eine Beteiligung am Götzendienst, in Wirklichkeit Gemeinschaft mit den Dämonen oder Teufeln (1.Kor. 10, 20).

(1, 20) Gottes Segen erstreckte sich nicht nur auf die persönliche Einhaltung der Jüdischen Gesetze sondern auch auf die Fortschritte in Weisheit und Verstand. Sie fanden nicht nur Anstellung beim König, sondern ihnen wurden sogar die höchsten Ehrenämter anvertraut.

Daniel 2

Die erste große Offenbarung des Buches Daniel vollzog sich während der in Daniel 2 geschilderten Ereignisse. Allerdings empfingen nicht Daniel oder seine Freunde die prophetische Vision, sondern der heidnische König Nebukadnezar. Das brachte sie, wie viele andere in der babylonischen Beamtenschaft, in eine lebensbedrohende Situation.

Weil die Weisen, Stern-kundigen und Traumdeuter, zu denen auch Daniel und seine Freunde gehörten, nicht sagen konnten, was der König geträumt hatte, sollten sie alle umgebracht werden. Daniel erreichte durch sein kluges Auftreten vor dem König einen Aufschub für die Vollstreckung des unsinnigen Urteils. Er und seine Freunde beteten zu Gott, er möge ihnen zeigen, was nun zu tun sei.

Gott reagierte darauf, indem er Daniel in einer nächtlichen Vision den Traum Nebukadnezars samt der Deutung offenbarte. Damit waren nicht nur Daniel und seine Freunde gerettet, sondern alle Weisen in Babylon.

Die erste Offenbarung des Buches Daniel wurde dem König selbst eingegeben. Daniel diente als der inspirierte weise Mann, der dem König mit Gottes Hilfe den Traum auslegte. Was Daniel betrifft, war diese Offenbarung noch indirekter Natur. Gott schenkte ihm zwar die Weisheit, den Traum zu deuten, aber eigentlich war die Vision für den König bestimmt. Daniel diente nur als Übermittler.

Nebukadnezars Traum von den vier Weltreichen

1 Im zweiten Jahr des Reiches Nebukadnezars hatte Nebukadnezar einen Traum, davon er erschrak,
daß er aufwachte. 2 Und er hieß alle Seher und Weisen und Zauberer und Chaldäer
zusammenfordern, daß sie dem König seinen Traum sagen sollten. Und sie kamen und traten vor den
König. 6 Und der König sprach zu ihnen: Ich habe einen Traum gehabt, der hat mich erschreckt; und
ich wollte gern wissen, was es für ein Traum gewesen sei.
4 Da sprachen die Chaldäer zum König auf chaldäisch: Der König lebe ewiglich! Sage deinen
Knechten den Traum, so wollen wir ihn deuten. 5 Der König antwortete und sprach zu den
Chaldäern: Es ist mir entfallen. Werdet ihr mir den Traum nicht anzeigen und ihn deuten, so sollt ihr
in Stücke zerhauen und eure Häuser schändlich zerstört werden. 6 Werdet ihr mir aber den Traum
anzeigen und deuten, so sollt ihr Geschenke, Gaben und große Ehre von mir haben. Darum so sagt
mir den Traum und seine Deutung. 7 Sie antworteten wiederum und sprachen: Der König sage seinen
Knechten den Traum, so wollen wir ihn deuten.
8 Der König antwortete und sprach: Wahrlich, ich merke es, daß ihr Frist sucht, weil ihr seht, daß
mir's entfallen ist. 9 Aber werdet ihr mir nicht den Traum sagen, so geht das Recht über euch, als die
ihr Lügen und Gedichte vor mir zu reden euch vorgenommen habt, bis die Zeit vorübergehe. Darum
so sagt mir den Traum, so kann ich merken, daß ihr auch die Deutung trefft. 10 Da antworteten die
Chaldäer vor dem König und sprachen zu ihm: Es ist kein Mensch auf Erden, der sagen könne, was
der König fordert. So ist auch kein König, wie groß oder mächtig er sei, der solches von irgend einem
Sternseher, Weisen oder Chaldäer fordere. 11 Denn was der König fordert, ist zu hoch, und ist auch
sonst niemand, der es vor dem König sagen könne, ausgenommen die Götter, die bei den Menschen
nicht wohnen.

(2, 1) Die Zeit des Traumes war das Jahr 603 v. Chr.

(2, 4) Von Kap. 2, 4 bis 7, 28 ist das Buch in der aramäischen Sprache geschrieben, die am Hofe Nebukadnezars gesprochen wurde und später die offizielle Sprache des ganzen westlichen Teiles des persischen Reiches wurde.
12 Da ward der König sehr zornig und befahl, alle Weisen zu Babel umzubringen. 13 Und das Urteil ging aus, daß man die Weisen töten sollte; und Daniel samt seinen Gesellen ward auch gesucht, daß man sie tötete.

(2, 12) Hier geben die Weisen selbst zu, dass ihr angeblicher Verkehr mit den Göttern nur auf Lügen und Betrug besteht. Wie anders aber ist es bei Israel, in dessen Mitte der Herr wohnt, der ihnen durch seine Propheten seine Geheimnisse offenbart. (2.Mose 15, 17 ; 2.Chron. 7)

14 Da erwiderte Daniel klug und verständig dem Arioch, dem obersten Richter des Königs, welcher auszog, zu töten die Weisen zu Babel. 15 Und er fing an und sprach zu des Königs Vogt, Arioch: Warum ist ein so strenges Urteil vom König ausgegangan? Und Arioch zeigte es dem Daniel an. 16
Da ging Daniel hinein und bat den König, daß er ihm Frist gäbe, damit er die Deutung dem König sagen möchte.
17 Und Daniel ging heim und zeigte solches an seinen Gesellen, Hananja, Misael und Asarja, 18 daß
sie den Gott des Himmels um Gnade bäten solches verborgenen Dinges halben, damit Daniel und seine Gesellen nicht samt den andern Weisen zu Babel umkämen.
19 Da ward Daniel solch verborgenes Ding durch ein Gesicht des Nachts offenbart. 20 Darüber lobte
Daniel den Gott des Himmels, fing an und sprach: Gelobt sei der Name Gottes von Ewigkeit zu Ewigkeit! denn sein ist beides, Weisheit und Stärke. 21 Er ändert Zeit und Stunde; er setzt Könige ab
und setzt Könige ein; er gibt den Weisen ihre Weisheit und den Verständigen ihren Verstand; 22 er
offenbart, was tief und verborgen ist; er weiß, was in der Finsternis liegt, denn bei ihm ist eitel Licht.
23 Ich danke dir und lobe dich, Gott meiner Väter, der du mir Weisheit und Stärke verleihst und jetzt offenbart hast, darum wir dich gebeten haben; denn du hast uns des Königs Sache offenbart.
24 Da ging Daniel hinein zu Arioch, der vom König Befehl hatte, die Weisen zu Babel umzubringen, und sprach zu ihm also: Du sollst die Weisen zu Babel nicht umbringen, sondern führe mich hinein zum König, ich will dem König die Deutung sagen. 25 Arioch brachte Daniel eilends hinein vor den
König und sprach zu ihm also: Es ist einer gefunden unter den Gefangenen aus Juda, der dem König die Deutung sagen kann. 26 Der König antwortete und sprach zu Daniel, den sie Beltsazar hießen:
Bist du, der mir den Traum, den ich gesehen habe, und seine Deutung anzeigen kann?

(2, 18) Durch das gläubige und ernste Gebet wird Daniel die verborgene Sache erschlossen, die alle Weisheit dieser Welt nicht ergründen kann.

27 Daniel fing an vor dem König und sprach: Das verborgene Ding, das der König fordert von den Weisen, Gelehrten, Sterndeutern und Wahrsagern, steht in ihrem Vermögen nicht, dem König zu
sagen. 28 Aber es ist ein Gott im Himmel, der kann verborgene Dinge offenbaren; der hat dem König Nebukadnezar angezeigt, was in künftigen Zeiten geschehen soll. 29 Mit deinem Traum und
deinem Gesichten, da du schliefest, verhielt sich's also: Du, König, dachtest auf deinem Bette, wie es doch hernach zugehen würde; und der, so verborgene Dinge offenbart, hat dir angezeigt, wie es
gehen werde. 30 So ist mir solch verborgenes Ding offenbart, nicht durch meine Weisheit, als wäre sie größer denn aller, die da leben; sondern darum, daß dem König die Deutung angezeigt würde und du deines Herzens Gedanken erführest.

(2, 28) Auf die Frage de Königs, ob Daniel im Stande ist ihm den Traum und die Deutung kundzutun, gibt dieser dem Allerhöchsten die Ehre und lenkt so die Aufmerksamkeit Nebukadnezars auf den Gott des Himmels.

31 Du, König, sahst, und siehe, ein großes und hohes und sehr glänzendes Bild stand vor dir, das war schrecklich anzusehen. 32 Des Bildes Haupt war von feinem Golde, seine Brust und Arme waren von Silber, sein Bauch und seine Lenden waren von Erz, 33 seine Schenkel waren Eisen, seine Füße waren eines Teils Eisen und eines Teils Ton. 34 Solches sahst du, bis daß ein Stein herabgerissen ward ohne Hände; der schlug das Bild an seine Füße, die Eisen und Ton waren, und zermalmte sie. 35 Da wurden miteinander zermalmt das Eisen, Ton, Erz, Silber und Gold und wurden wie eine Spreu auf der Sommertenne, und der Wind verwehte sie, daß man sie nirgends mehr finden konnte. Der Stein aber, der das Bild zerschlug, ward ein großer Berg, daß er die ganze Welt füllte.

(2, 31) Daniel offenbarte dem König nicht nur seinen Traum, sondern selbst seine Gemütsstimmung und welche Gedanken er in jener Nacht hatte.
Die Vision bedeutet prophetisch die Geschichte der Weltreiche und ihre Zerstörung durch Christus, der diesen Zeitabschnitt nannte „die Zeit der Heiden" (Lk. 21, 24).

Die vier Metalle, die in dem Bild vorkommen werden erklärt, als Symbole der vier Weltreiche, die nicht notwendigerweise die volle Herrschaft über die bewohnte Erde besitzen, die aber, die göttliche Autorität haben, sie ganz einzunehmen (Vers 38).

Die Weltreiche sind Babylonien, Medo-Persien, Griechenland und Rom. Die Weltmacht Rom wird geteilt gesehen, zuerst in zwei Teile (die Beine), erfüllt in den Ost und Weströmischen Reichen, dann in zehn Teile (die Zehen). Als Ganzes gibt das Bild die imponierende äußere Größe und den Glanz der heidnischen Weltmacht wieder.

(2, 35) Der vernichtende Stein zerstört das System der heidnischen Weltmacht (in seiner letzten Form) durch einen plötzlichen und unabwendbaren Schlag, also nicht durch allmähliche Prozesse der Umkehr oder der Angleichung. Erst nach dieser Zerstörung und nicht früher wird der Stein zu einem Berg, der „die ganze Erde" erfüllt (Dan. 7, 26-27).

Eine solche Zerstörung des monarchischen Systems heidnischer Macht geschah nicht bei dem ersten Kommen Christi. Im Gegenteil, Jesus wurde auf Grund des Urteils eines Beamten des vierten Reiches getötet, das damals auf der Höhe seiner Macht war. Nach seinem Tod zerfiel der westliche Teil des römischen Reiches im Jahre 476 n. Chr. und der östliche Teil im Jahre 1453. Es folgte auf Rom kein anderes Weltreich, denn es werden nur diese vier Reiche dem Wiederkommen und der Herrschaft Christi auf Erden vorangehen.

Die Zeit zwischen dem ersten und zweiten Kommen Christi, das oft als „das Zeitalter der Gemeinde" bezeichnete, ist kein Teil dieser Vision und wird erst im N.T. offenbart.

Die tödliche Wunde, die das vierte Reich erleidet, wird geheilt werden durch die Wiederherstellung dieses Reiches. Also setzt sich die heidnische Weltmacht heute noch durch und der vernichtende Schlag durch den Stein wird noch zurückgehalten.

Die Einzelheiten der Endzeit wird in Daniel 7 und Offenbarung 13-19 gegeben. Es ist wichtig, zu beachten, dass die heidnische Weltmacht in einem plötzlichen, katastrophalen Gericht endet (Offb. 16, 13-16 ; 19, 17) und sofort danach das Königreich des Himmels folgt. Der Gott der Himmel wird Sein Königreich nicht aufrichten, bis das System der heidnischen Welt zerschlagen ist. Es ist besonders zu beachten, dass die heidnische Weltherrschaft mit einem großen Bild anfängt und auch endet (Dan. 2, 31; Offb. 13, 14-15).

Hinweis: Ein Berg ist ein biblisches Symbol für ein Königreich.

36 Das ist der Traum. Nun wollen wir die Deutung vor dem König sagen. 37 Du, König, bist ein
König aller Könige, dem der Gott des Himmels Königreich, Macht, Stärke und Ehre gegeben hat 38
und alles, da Leute wohnen, dazu die Tiere auf dem Felde und die Vögel unter dem Himmel in deine
Hände gegeben und dir über alles Gewalt verliehen hat. Du bist das goldene Haupt.
39 Nach dir wird ein anderes Königreich aufkommen, geringer denn deins. Darnach das dritte
Königreich, das ehern ist, welches wird über alle Lande herrschen. 40 Und das vierte wird hart sein
wie Eisen; denn gleichwie Eisen alles zermalmt und zerschlägt, ja, wie Eisen alles zerbricht, also
wird es auch diese alle zermalmen und zerbrechen. 41 Daß du aber gesehen hast die Füße und Zehen
eines Teils Ton und eines Teils Eisen: das wird ein zerteiltes Königreich sein; doch wird von des
Eisens Art darin bleiben, wie du es denn gesehen hast Eisen mit Ton vermengt. 42 Und daß die
Zehen an seinen Füßen eines Teils Eisen und eines Teils Ton sind: wird's zum Teil ein starkes und
zum Teil ein schwaches Reich sein. 43 Und daß du gesehen hast Eisen und Ton vermengt: werden sie
sich wohl nach Menschengeblüt untereinander mengen, aber sie werden doch nicht aneinander
halten, gleichwie sich Eisen und Ton nicht mengen läßt.

(2, 37) So groß auch die Macht Nebukadnezars war, verdankte er doch seine Gewalt nicht seiner Weisheit, sondern der Gnade Gottes. Gott als Schöpfer und Erhalter dieser Welt lenkt die Geschicke aller Königreiche. (Jer. 27, 6)

(2, 38) „Du bist das Goldene Haupt.“ Nebukadnezar war der erste König der die Weltherrschaft zuerst gelehrt hat. Daraus folgen alle weiteren Weltherrschaften und Systeme.

(2, 39) Nach Babylon sollte ein Königreich (silberne Brust und Arme) aufkommen, das geringer als das babylonische Königreich ist. Es handelt sich dabei um das Reich Medo-Persien (Dan. 7, 5).

Am 13. Oktober 539 v. Chr. leiteten die Meder und Perser den Euphrat um und konnten so durch das ausgetrocknete Flussbett in die Stadt eindringen und Babylon erobern.

Das dritte Königreich, das im Standbild durch das Kupfer dargestellt ist, war Griechenland. Der junge griechische General Alexander der Große besiegte den Perserkönig Darius III. in der Schlacht von Arbela 331 v. Chr. Der Historiker Herodot beschrieb die griechischen Kämpfer als „Männer aus Bronze vom Meer her kommend“. Die Rüstungen der Infanterie bestand größtenteils aus Bronze.
Doch auch das griechische Reich sollte keinen Bestand haben. Am 22. Juni 168 v. Chr. ging das Reich von Alexander dem Großen, lange nach seinem Tod, in der Schlacht von Pydna unter.

(2, 40) Das vierte Weltreich wird durch die eisernen Beine des Standbildes dargestellt. Das griechische Reich wurde in der Schlacht von Pydna durch das römische Reich abgelöst und Rom regierte die Welt von 168 v. Chr. bis 476 n. Chr. Rom war eine unbarmherzige Nation, die mit „eisernem Stabe“ herrschte. Seine Kaiser nannten sich Götter und beanspruchten Anbetung und Gehorsam von allen Untertanen. Rom herrschte am längsten und erreichte die größte Ausdehnung aller Weltreiche im Altertum.
Doch das römische Reich wurde nicht durch ein anderes Weltreich abgelöst, sondern bestand und besteht in einer anderen Form weiter - genau wie Daniel es vorhergesagt hatte.

(2, 41) Von dem Haupt aus Gold bis zu dem Eisen des vierten Königreiches (Rom), ist eine Verschlechterung in der Feinheit des Metalls festzustellen, bei gleichzeitiger erhöhen an Kraft. Doch kommt der Niedergang des vierten Königreiches gerade in dieser Qualität -der Kraft-, denn durch die Teilung das Königreich in zwei Reiche (das östliche und das westliche Reich) wurde es geschwächt. Die Teilung geht weiter, beschrieben in den Füßen und Zehen, die sich als Königreiche ausweisen werden. In der Beschreibung wird eins deutlich, dass die reinen Metalle aufhören. Es wird also kein weiteres Weltreich mehr entstehen.

Von Mitte des 4. Jhdt bis Mitte des 5. Jhdt überschwemmten germanische Völker das westliche Europa. Es war die Zeit der Völkerwanderung. Goten, Burgunder, Vandalen, Sueven, Alemannen, Hunnen und Angelsachsen, dargestellt durch den Ton. Sie verwüsteten verschiedene Teile des römischen Reichs zu Wasser und zu Land. Sie teilten das Reich unter sich auf und so entstanden die modernen Nachfolgestaaten Europas. So wurde das römische Reich nicht erobert, sondern es brach auseinander, genau wie es Daniel vorhergesagt hatte.
Doch blieb etwas von der Härte des Eisens in den Ländern Europas. Dies erfüllte sich dadurch, dass die Gesetze und Riten der Römer fortgeführt wurden, obwohl doch die Germanen alles unterwanderten. Das römische Ideal blieb erhalten, was sich z.B. im „Heilig römischen Reich deutscher Nation“ zeigte.

Interessant an dieser Stelle ist sicherlich auch, dass es trotz mehrfacher Versuche bis heute nicht gelungen ist, die Einheit Europas als Reich wieder herzustellen. Viele Herrscher mussten bei diesem Vorhaben scheitern:

- Karl der Große	König der Franken	(768 - 814)
- Otto der Große	römischer Kaiser	(936 - 973)
- Ludwig XIV	der Sonnenkönig	(1638 - 1715)
- Napoléon,	Kaiser Frankreichs	(1769 - 1821)
- Kaiser Wilhelm II	im 1. Weltkrieg	(1859 - 1941)
- Hitler	im 2. Weltkrieg	(1933 - 1945)

Europa sollte ein zerteiltes Reich bleiben.

Hinweis: Trotz Währungsunion, Handels- und Wirtschaftsabkommen wird Europa nie mehr ein Weltmacht-ähnliches Gebilde werden. Europa wird sich zwar zusammenschließen aber nie wieder eine echte Einheit bilden.

(2, 42) Dieses zerteilte Reich sollte zum Teil ein schwaches und zum Teil ein starkes Reich sein. Dies erfüllte sich dadurch, dass manche Länder wirtschaftlich und militärisch stark waren, und andere eben nicht.

(2, 43) Bisher wurden Länder immer erobert. Jetzt wird geheiratet. Viele Herrscher Europas haben versucht, durch Verheiratung Königshäuser miteinander zu verbinden. Im ersten Jahrzehnt des 20. Jahrhunderts waren praktisch alle gekrönten Häupter Europas miteinander verwandt. Aber auch dies konnte den ersten Weltkrieg nicht verhindern.

44 Aber zur Zeit solcher Königreiche wird der Gott des Himmels ein Königreich aufrichten, das nimmermehr zerstört wird; und sein Königreich wird auf kein ander Volk kommen. Es wird alle diese Königreiche zermalmen und verstören; aber es selbst wird ewiglich bleiben; 45 wie du denn gesehen hast einen Stein, ohne Hände vom Berge herabgerissen, der das Eisen, Erz, Ton, Silber und Gold zermalmte. Also hat der große Gott dem König gezeigt, wie es hernach gehen werde; und der Traum ist gewiß, und die Deutung ist recht.

(2, 44) Dieser Abschnitt bestimmt in Verbindung mit andern vorhergesagten Ereignissen die Zeit, wann Gottes Reich aufgerichtet werden wird. Es wird sein „in den Tagen dieser König“ d. h. der zehn Könige (7, 24-27), dargestellt durch die Zehen des Bildes. Die zehn Könige waren bei der Ankunft des Messias nicht da, noch wäre die Vereinigung derselben möglich gewesen vor der Auflösung des römischen Weltreichs und dem Aufkommen des gegenwärtigen national bestimmten Weltsystems.

46 Da fiel der König Nebukadnezar auf sein Angesicht und betete an vor dem Daniel und befahl, man sollt ihm Speisopfer und Räuchopfer tun. 47 Und der König antwortete Daniel und sprach: Es ist kein Zweifel, euer Gott ist ein Gott über alle Götter und ein HERR über alle Könige, der da kann verborgene Dinge offenbaren, weil du dies verborgene Ding hast können offenbaren. 48 Und der König erhöhte Daniel und gab ihm große und viele Geschenke und machte ihn zum Fürsten über die ganze Landschaft Babel und setzte ihn zum Obersten über alle Weisen zu Babel.
49 Und Daniel bat vom König, daß er über die Ämter der Landschaft Babel setzen möchte Sadrach, Mesach und Abed-Nego; und er, Daniel blieb bei dem König am Hofe.

(2, 49) Vergleiche 1. Mose 19, 1, Lot, den Mann des Kompromisses mit Daniel, dem Mann der Entschiedenheit. In dem Tor des Königs sitzen, hieß, die Stellung der Autorität einnehmen.

Daniel 3

Die Chroniken über die ersten elf Jahre der Regierung Nebukadnezar zeigen, dass er in seiner eigenen Hauptstadt einen gefährlichen Aufstand niederschlagen hat. Sogar im Palast kam es zum Handgemenge, und der König selbst war darin verwickelt. Nebukadnezar war durch seine großen Eroberungen immer als Sieger hervorgetreten. Geblendet vom irdischen Glanz seines aufgebauten Reiches lässt er in der Ebene Dura eine Statue aufrichten. Was Nebukadnezar im Traum gesehen hatte, und Daniel die Deutung kundgetan hatte, wollte er nun in seiner eigenen Weise der ganzen Welt kundtun. Dabei hat er bedeutsame Veränderungen in der Darstellung gemacht, die aufs deutlichste zeigen, wohin der Geist der Weltmacht hinweist. Hatte im Traumbild nur das Reich Gottes ewigen Bestand, so erscheint in diesem menschlichen Zerrbild, Babel als das alleinige unzerstörbare und allmächtige Weltreich. Dies Weltreich sollte alle zerstören und ewig bestehen, dies kam zum Ausdruck da es ganz vergoldet war.

Das Riesenbild war dem Nationalgott Bel gewidmet. Diese ganze Macht und Herrlichkeit der Babylonischen Weltherrschaft sollte den Völkern kundgetan werden. Die Maße des Bildes: 60 Ellen hoch und 6 Ellen breit (die 6 eine sinnbildliche Bezeichnung für die gottverlassene und Gottwidrige Weltmacht) zeugen vom menschlichen Streben nach Weltbesitz. Die Huldigung des Standbildes war für die Beamten (die so wie Daniel aus anderen Völkern sind) eine Probe der Unterwürfigkeit unter den König. Der Sieg eines heidnischen Königs über andere Stämme und Völker war auch gleich der Sieg seines Gottes über die anderen Götter. (1.Kön. 20, 23. 28 ; 2.Chron. 28, 23 ; Jes. 36, 18-20) Solange sie sich nicht für überwunden hielten, wurden auch die fremden Götter nicht anerkannt und verehrt. Die Strafe der Verbrennung von verurteilten Verbrechern wird auch in Jer. 29, 22 bezeugt. Nebukadnezar verstockte sein Herz nicht wie damals der Pharao. Von neuem erkennt er den Gott Israels als den höchsten an und schützt nun die Juden mit einem Dekret vor den Ausfällen der Heiden.

Die drei Männer im Feuerofen

1 Der König Nebukadnezar ließ ein goldenes Bild machen, sechzig Ellen hoch und sechs Ellen breit, und ließ es setzen ins Tal Dura in der Landschaft Babel. 2 Und der König Nebukadnezar sandte nach den Fürsten, Herren, Landpflegern, Richtern, Vögten, Räten, Amtleuten und allen Gewaltigen im Lande, daß sie zusammenkommen sollten, das Bild zu weihen, daß der König Nebukadnezar hatte setzen lassen.

3 Da kamen zusammen die Fürsten, Herren, Landpfleger, Richter, Vögte, Räte, Amtleute und alle Gewaltigen im lande, das Bild zu weihen, das der König Nebukadnezar hatte setzen lassen. Und sie mußten dem Bilde gegenübertreten, das Nebukadnezar hatte setzen lassen. 4 Und der Herold rief überlaut: Das laßt euch gesagt sein, ihr Völker, Leute und Zungen! 5 Wenn ihr hören werdet den Schall der Posaunen, Drommeten, Harfen, Geigen, Psalter, Lauten und allerlei Saitenspiel, so sollt ihr niederfallen und das goldene Bild anbeten, das der König Nebukadnezar hat setzen lassen. 6 Wer aber alsdann nicht niederfällt und anbetet, der soll von Stund an in den glühenden Ofen geworfen werden. 7 Da sie nun hörten den Schall der Posaunen, Drommeten, Harfen, Geigen, Psalter und allerlei Saitenspiel, fielen nieder alle Völker, Leute und Zungen und beteten an das goldene Bild, das der König Nebukadnezar hatte setzen lassen.

(3, 1) Das Wort „Dura“ ist eins der babylonischen Worte für Mauer, dies lautet „Dur“. Der Buchstabe „a“ am Ende ist als aramäische Artikel –die- zu verstehen.

Übersetzt man dieses Wort direkt, statt es als Bezeichnung zu verstehen, bedeutet dies, dass Nebukadnezar die Statue in der „Ebene der Mauer“ errichten ließ. Babylon war damals von zwei großen Mauern umgeben. Die innere Mauer war auf jeder Seite etwas mehr als anderthalb Kilometer lang und umschloss die Innenstadt mit ihren Straßen und Gebäuden sowie den Königspalast und den Haupttempel.

Dieser inneren Mauer hatte Nebukadnezar aus verteidigungs-technischen Gründen noch eine äußere hinzufügen lassen. Sie war mehrere Kilometer lang und erstreckte sich um die Innenstadt herum bis hin zum Ostufer des Euphrats. Der freie Raum diente als Bau und Paradeplatz. Das Gelände zwischen den Mauern könnte durchaus als „Ebene der Mauer“ oder „Ebene Dura“ bezeichnet worden sein.

Das Standbild muss in der Nähe des Königspalastes gestanden haben. Wenn ein König solch eine Machtdemonstration plant, liegt es nahe, dass er sie nicht irgendwo stattfinden lässt, sondern am Regierungssitz, unmittelbar in der Nähe von Tempel und Palast.

Die Ausmaße des Standbildes sind aus mehrfacher Sicht interessant. Die Babylonier verwendeten ein mathematisches System, das auf der Zahl 6 beruhte. Die Maßangaben sind also typisch babylonisch. Ein Standbild von 60 Ellen Höhe (ca. 27 m) und 6 Ellen Breite (ca. 2,70 m) müsse höchst unproportioniert, gewesen sein. Die Menschen der damaligen Zeit pflegten aber ihre Götter genau auf diese Weise darzustellen. Aus Syrien und Palästina stammenden Figuren des Gottes Baal haben spindeldürre Arme, Beine und Leiber. Eine Statue in den angegebenen Maßen liegt also genau im Rahmen der damaligen Gepflogenheiten.

Nebukadnezar baute sein Standbild auf der Ebene mit Blick auf das alte Zentrum von Babylon. Dort befand sich der Tempelbezirk Marduks, zu dem der große Tempelturm oder die Ziggurat Babylons gehörte. Mit seiner Höhe von etwa 300 Fuß (90 Meter) beherrschte der Turm die gesamte Landschaft. Die Grundfläche maß 90 Quadratmeter, und das Bauwerk ragte als gedrungene Pyramide aus sieben Terrassen in die Höhe. Auf der obersten Ebene befand sich, zusätzlich zu dem Haupttempel am Fuß der Ziggurat, ein Tempel des Gottes Marduk.

(3, 2) Der Befehl, sich bei dem Standbild einzufinden, erging nicht an alle Einwohner Babylons, sondern galt den „Fürsten, Würdenträgern, Statthaltern, Richtern, Schatzmeistern, Räten, Amtleuten und allen Mächtigen im Lande“. Diese babylonischen Regierungsbeamten wurden vom König einberufen um an der Weihveranstaltung, dem Huldigungs-ritual als ein erneutes Treuegelöbnis dem König gegenüber teilzunehmen.

Die Chroniken über die Regierung Nebukadnezar lautet: „*Im zehnten Jahr der König von Babylon war in seinem eigenen Land; vom Monat Kislev [Dezember] bis zum Monat Tebet [Januar] gab es einen Aufstand in Babylon ... Mit den Waffen schlug er [der König] viele seiner eigenen Soldaten. Seine eigene Hand nahm seine Feinde gefangen.*“ (Zitiert bei Wiseman, "Chronicles of Chaldean Kings", S. 73). Der Aufstand hat gemäß den Aufzeichnungen im Jahre 594 v. Chr. stattgefunden.

Sieht man diese Zeremonie im Zusammenhang mit der gescheiterten Rebellion gegen den König, wird klar, warum Nebukadnezar ausgerechnet diesen Personenkreis in das Tal Dura zitierte. Würdenträger und Regierungsbeamte, die im Palast arbeiteten, gehörten zu denen, die am ehesten ein Komplott gegen den König schmieden konnten. Sie waren diejenigen, die ihm am gefährlichsten werden konnten, auf deren Unterstützung er aber zugleich dringend angewiesen war. Deshalb musste sich Nebukadnezar so gut wie möglich vor Intrigen, Untreue und Verrat schützen.
Besonderes Gewicht bekam diese Zeremonie dadurch, dass sie in religiöser Form ab lief. Wer vor dem Hauptgott Babylons nieder fiel und ihn anbetete, gelobte zugleich feierlich, seine Pflicht als Untertan und Staatsdiener zu erfüllen, indem er Marduks irdischem Repräsentanten, dem König, treu diente.

8 Von Stund an traten hinzu etliche chaldäische Männer und verklagten die Juden, 9 fingen an und sprachen zum König Nebukadnezar: Der König lebe ewiglich! 10 Du hast ein Gebot lassen ausgehen, daß alle Menschen, wenn sie hören würden den Schall der Posaunen, Drommeten, Harfen, Geigen, Psalter, Lauten und allerlei Saitenspiel, sollten sie niederfallen und das goldene Bild anbeten; 11 wer aber nicht niederfiele und anbetete, sollte in den glühenden Ofen geworfen werden. 12 Nun sind da jüdische Männer, welche du über die Ämter der Landschaft Babel gesetzt hast: Sadrach, Mesach und Abed-Nego; die verachten dein Gebot und ehren deine Götter nicht und beten nicht an das goldene Bild, das du hast setzen lassen.
13 Da befahl Nebukadnezar mit Grimm und Zorn, daß man vor ihn stellte Sadrach, Mesach und Abed-Nego. Und die Männer wurden vor den König gestellt. 14 Da fing Nebukadnezar an und sprach zu ihnen: Wie? wollt ihr Sadrach, Mesach, Abed-Nego, meinen Gott nicht ehren und das goldenen Bild nicht anbeten, das ich habe setzen lassen? 15 Wohlan schickt euch! Sobald ihr hören werdet den Schall der Posaunen, Drommeten, Harfen, Geigen, Psalter, Lauten und allerlei Saitenspiel, so fallt nieder und betet das Bild an, das ich habe machen lassen! Werdet ihr's nicht anbeten, so sollt ihr von Stund an in den glühenden Ofen geworfen werden. Laßt sehen, wer der Gott sei, der euch aus meiner Hand erretten werde!

(3, 6) Hier ist ein Beispiel für eine aufgezwungene Staatsreligion, die vor allem die Anbetung eines von Menschen gemachten Bildes einschließt. Diese Erscheinung, die hier im Anfang der Zeiten der Heiden vorkommt und sich von Zeit zu Zeit in der Geschichte wiederholt hat (wie z.B. die Anbetung des römischen Kaisers, die japanischen Schinto-Schreine und die Verehrung Lenins durch die Sowjets), wird das Ende des Zeitalters bezeichnen in dem nicht nur der Drache, sondern das Tier und das Bild des Tieres unter Zwang angebetet werden (Offb. 13, 4-15; 14, 9-11, 19, 20. 20, 4; 2.Thess. 2, 4). Es wird am Ende des Zeitalters mehr Wert auf die Anbetung gelegt werden, aber sie wird vom Satan beherrscht sein.

Die Öfen waren natürlich nicht extra errichtet worden. Es waren Brennöfen, in denen normalerweise Lehmziegel gehärtet wurden. Diese Brennöfen sollten der versammelten Menge signalisieren, wie töricht es sei, sich dem Befehl des Königs zu widersetzen.
In ihrer Form glichen die Brennöfen den Bienenstöcken. An der Spitze des Kegels befand sich eine Öffnung, durch die man das Brennmaterial hinein warf. An der Seite gab es einen Tunnel ähnlichen Zugang, durch den die Ziegelpaletten hinein geschoben wurden. Die Delinquenten wurden durch die obere Öffnung in die Glut geworfen.

(3, 12) Daniel vertritt den König in einer wichtigen Mission, nur Daniels Freunde waren in ihrem Amtsbezirk anwesend.

(3, 14) Während Gott durch Liebe und den freien Willen gewinnen will ist es das Kennzeichen jeder falschen Religion, durch Gewalt deren Beachtung zu erzwingen.

16 Da fingen an Sadrach, Mesach, Abed-Nego und sprachen zum König Nebukadnezar: Es ist nicht not, daß wir darauf antworten. 17 Siehe, unser Gott, den wir ehren, kann uns wohl erretten aus dem glühenden Ofen, dazu auch von deiner Hand erretten. 18 Und wo er's nicht tun will, so sollst du dennoch wissen, daß wir deine Götter nicht ehren noch das goldene Bild, das du hast setzen lassen, anbeten wollen.
19 Da ward Nebukadnezar voll Grimms, und sein Angesicht verstellte sich wider Sadrach, Mesach und Abed-Nego, und er befahl man sollte den Ofen siebenmal heißer machen, denn man sonst zu tun pflegte. 20 Und er befahl den besten Kriegsleuten, die in seinem Heer waren, daß sie Sadrach, Mesach und Abed-Nego bänden und in den glühenden Ofen würfen. 21 Also wurden diese Männer in ihren Mänteln, Schuhen, Hüten und andern Kleidern gebunden und in den glühenden Ofen geworfen; 22 denn des Königs Gebot mußte man eilends tun. Und man schürte das Feuer im Ofen so sehr, daß die Männer, so den Sadrach, Mesach und Abed-Nego hinaufbrachten, verdarben von des Feuers Flammen. 23 Aber die drei Männer, Sadrach, Mesach und Abed-Nego fielen hinab in den glühenden Ofen, wie sie gebunden waren.

(3, 17) Sie verweigerten dem König den Gehorsam nicht aus politischen, sondern aus religiösen Gründen. Es ging ihnen um den „Gott, den wir verehren". Sie verehrten Jahwe und nicht Marduk. In diesem Augenblick wurde die Ebene Dura zum Schauplatz der Auseinandersetzung zwischen dem wahren Gott und dem falschen Gott - ausgetragen jeweils von ihren irdischen Repräsentanten. Diese drei jüdischen Männer sind eine treffende Illustration für den Überrest der Nachfolger Jesu in der letzten Zeit (Jes. 1, 9, Röm. 11, 5), die im Feuerofen der Großen Trübsal, Gott treu bleiben wird (Ps. 2, 5; Offb. 7, 14).

(3, 19) Das „siebenmal" ist wohl im Sinne von Schüren der Glut bis an die äußerste Grenze zu verstehen. Offene Asphaltquellen wurden schon zu jener Zeit genutzt, um in Brennöfen besonders hohe Temperaturen zu erzielen.

24 Da entsetzte sich der König Nebukadnezar und fuhr auf und sprach zu seinen Räten: Haben wir
nicht drei Männer gebunden in das Feuer lassen werfen? Sie antworteten und sprachen zum König:
Ja, Herr König. 25 Er antwortete und sprach: Sehe ich doch vier Männer frei im Feuer gehen, und sie
sind unversehrt; und der vierte ist gleich, als wäre er ein Sohn der Götter.
26 Und Nebukadnezar trat hinzu vor das Loch des glühenden Ofens und sprach: Sadrach, Mesach,
Abed-Nego, ihr Knechte Gottes des Höchsten, geht heraus und kommt her! Da gingen Sadrach,
Mesach und Abed-Nego heraus aus dem Feuer. 27 Und die Fürsten, Herren, Vögte und Räte kamen
zusammen und sahen, daß das Feuer keine Macht am Leibe dieser Männer bewiesen hatte und ihr
Haupthaar nicht versengt und ihre Mäntel nicht versehrt waren; ja man konnte keinen Brand an ihnen
riechen.
28 Da fing Nebukadnezar an und sprach: Gelobt sei der Gott Sadrachs, Mesachs und Abed-Negos,
der seinen Engel gesandt und seine Knechte errettet hat, die ihm vertraut und des Königs Gebot nicht
gehalten, sondern ihren Leib dargegeben haben, daß sie keinen Gott ehren noch anbeten wollten als
allein ihren Gott! 29 So sei nun dies mein Gebot: Welcher unter allen Völkern, Leuten und Zungen
den Gott Sadrachs, Mesachs und Abed-Negos lästert, der soll in Stücke zerhauen und sein Haus
schändlich verstört werden. Denn es ist kein andrer Gott, der also erretten kann, als dieser. 30 Und
der König gab Sadrach, Mesach und Abed-Nego große Gewalt in der Landschaft Babel.

(3, 26) Nebukadnezar verstockte sein Herz nicht wie damals der Pharao. Von neuem erkennt er den Gott Israels als den höchsten an und schützt nun die Juden mit einem Dekret vor den Ausfällen der Heiden.

(3, 29) Das Volk Gottes kann aus diesem Bericht lernen, dass es unter der Herrschaft der Weltmächte zwar zu lebensbedrohenden Situationen kommen kann (und wird), aber auch, wenn es seinem Gott treu bleibt, von ihm wunderbar beschützt und befreit wird.

Nebukadnezars Wahnsinn

31 König Nebukadnezar allen Völkern, Leuten und Zungen auf der ganzen Erde: Viel Friede zuvor!
32 Ich sehe es für gut an, daß ich verkündige die Zeichen und Wunder, so Gott der Höchste an mir
getan hat. 33 Denn seine Zeichen sind groß, und seine Wunder mächtig, und sein Reich ist ein ewiges
Reich, und seine Herrschaft währt für und für.

Daniel 4

Die Geschichte ist in der Ichform, also aus der Sicht Nebukadnezars, geschrieben worden. Nebukadnezar selbst macht keine zeitlichen Angaben, aber er erwähnt, dass er glücklich und zufrieden in seinem Palast lebte. Diese Beschreibung trifft auf einen Zeitraum in etwa der Mitte seiner 43jährigen Regierungszeit zu. Während des ersten Drittels seiner Herrschaft befand er sich fast pausenlos auf irgendwelchen Feldzügen. Im letzten Drittel war es nicht viel anders.

Hier liegt die gleiche Situation vor, wie in Daniel 2. Der König hat einen Traum, und Daniel kommt nur hinzu, um die Deutung zu liefern.
Der König träumte von einem riesigen Baum, der offensichtlich von großer Bedeutung für ihn selbst war. Das Abhauen des Baums war ein prophetischer Hinweis auf die Zeit, die Nebukadnezar in geistiger Umnachtung verbringen würde. Schließlich sollte der König Gesundheit und Macht wiedererlangen und erkennen, dass Gott über alle irdischen Angelegenheit herrscht, Nebukadnezars Leben und sein Königreich eingeschlossen.
Daniels Aufgabe bestand darin, den Traum des Königs als inspirierter Weiser auszulegen. Erneut war der Traum für Nebukadnezar eine direkte und für Daniel eine indirekte Offenbarung. Damit verläuft der Bericht in Daniel 4 parallel zum Geschehen in Daniel 2.

1 Ich, Nebukadnezar, da ich gute Ruhe hatte in meinem Hause und es wohl stand auf meiner Burg, 2
sah einen Traum und erschrak, und die Gedanken, die ich auf meinem Bett hatte, und das Gesicht, so
ich gesehen hatte, betrübten mich. 3 Und ich befahl, daß alle Weisen zu Babel vor mich
hereingebracht würden, daß sie mir sagten, was der Traum bedeutet. 4 Da brachte man herein die
Sternseher, Weisen, Chaldäer und Wahrsager, und ich erzählte den Traum vor ihnen; aber sie
konnten mir nicht sagen, was er bedeutete, 5 bis zuletzt Daniel vor mich kam, welcher Beltsazar heißt
nach dem Namen meines Gottes, der den Geist der heiligen Götter hat. Und ich erzählte vor ihm
meinen Traum: 6 Beltsazar, du Oberster unter den Sternsehern, von dem ich weiß, daß du den Geist
der heiligen Götter hast und dir nichts verborgen ist, sage, was das Gesicht meines Traumes, das ich
gesehen habe, bedeutet.

(4, 4) Beim ersten Traum in Daniel 2 behaupteten die Weisen, dass sie wohl einen angesagten Traum offenbaren könnten. Nun werden sie auch in dieser Behauptung zuschanden und müssen zugeben, dass ihnen die Deutung unmöglich ist.

7 Dies aber ist das Gesicht, das ich gesehen habe auf meinem Bette: Siehe, es stand ein Baum mitten
im Lande, der war sehr hoch. 8 Und er wurde groß und mächtig, und seine Höhe reichte bis an den
Himmel, und er breitete sich aus bis ans Ende der ganzen Erde. 9 Seine Äste waren schön und trugen
viel Früchte, davon alles zu essen hatte; alle Tiere auf dem Felde fanden Schatten unter ihm, und die
Vögel unter dem Himmel saßen auf seinen Ästen, und alles Fleisch nährte sich von ihm.
10 Und ich sah ein Gesicht auf meinem Bette, und siehe, ein heiliger Wächter fuhr vom Himmel
herab; 11 der rief überlaut und sprach also: Haut den Baum um und behaut ihm die Äste und streift
ihm das Laub ab und zerstreut seine Früchte, daß die Tiere, so unter ihm liegen, weglaufen und die
Vögel von seinen Zweigen fliehen. 12 Doch laßt den Stock mit seinen Wurzeln in der Erde bleiben;
er aber soll in eisernen und ehernen Ketten auf dem Felde im Grase und unter dem Tau des Himmels
liegen und naß werden und soll sich weiden mit den Tieren von den Kräutern der Erde. 13 Und das
menschliche Herz soll von ihm genommen und ein viehisches Herz ihm gegeben werden, bis daß
sieben Zeiten über ihn um sind. 14 Solches ist im Rat der Wächter beschlossen und im Gespräch der
Heiligen beratschlagt, auf daß die Lebendigen erkennen, daß der Höchste Gewalt hat über der
Menschen Königreiche und gibt sie, wem er will, und erhöht die Niedrigen zu denselben.

15 Solchen Traum habe ich, König Nebukadnezar, gesehen; du aber Beltsazar, sage mir was er bedeutet. Denn alle Weisen in meinem Königreiche können mir nicht anzeigen, was er bedeute; du aber kannst es wohl, denn der Geist der heiligen Götter ist bei dir.

(4, 7) Königreiche werden auch in Hes. 31, 3 ; 17, 23 ; 19, 10 mit Bäumen verglichen.

Daniels Deutung

16 Da entsetzte sich Daniel, der sonst Beltsazar heißt, bei einer Stunde lang und seine Gedanken betrübten ihn. Aber der König sprach: Beltsazar, laß dich den Traum und seine Deutung nicht betrüben. Beltsazar fing an und sprach: Ach mein Herr, daß der Traum deinen Feinden und seine Deutung deinen Widersachern gälte! 17 Der Baum, den du gesehen hast, daß er groß und mächtig ward und seine Höhe an den Himmel reichte und daß er sich über die Erde breitete 18 und seine Äste schön waren und seiner Früchte viel, davon alles zu essen hatte, und die Tiere auf dem Felde unter ihm wohnten und die Vögel des Himmels auf seinen Ästen saßen: 19 das bist du, König, der du so groß und mächtig geworden; denn deine Macht ist groß und reicht an den Himmel, und deine Gewalt langt bis an der Welt Ende. 20 Daß aber der König einen heiligen Wächter gesehen hat vom Himmel herabfahren und sagen: Haut den Baum um und verderbt ihn; doch den Stock mit seinen Wurzeln laßt in der Erde bleiben; er aber soll in eisernen und ehernen Ketten auf dem Felde im Grase gehen und unter dem Tau des Himmels liegen und naß werden und sich mit den Tieren auf dem Felde weiden, bis über ihn sieben Zeiten um sind, 21 das ist die Deutung, Herr König, und solcher Rat des Höchsten geht über meinen Herrn König: 22 Man wird dich von den Leuten stoßen, und du mußt bei den Tieren auf dem Felde bleiben, und man wird dich Gras essen lassen wie die Ochsen, und wirst unter dem Tau des Himmels liegen und naß werden, bis über dir sieben Zeiten um sind, auf daß du erkennst, daß der Höchste Gewalt hat über der Menschen Königreiche und gibt sie, wem er will. 23 Daß aber gesagt ist, man solle dennoch den Stock des Baumes mit seinen Wurzeln bleiben lassen: dein Königreich soll dir bleiben, wenn du erkannt hast die Gewalt im Himmel. 24 Darum, Herr König, laß dir meinen Rat gefallen und mache dich los von deinen Sünden durch Gerechtigkeit und ledig von deiner Missetat durch Wohltat an den Armen, so wird dein Glück lange währen.

(4, 24) Das drohende Gericht abzuwenden stand auch für Nebukadnezar offen. Ihm wurde eine Frist zur Buße gelassen. Daniel empfiehlt dem König Gerechtigkeit zu üben und sein Amt für Land und Menschen einzusetzen.

Des Königs Wahnsinn und Umkehr

25 Dies alles widerfuhr dem König Nebukadnezar. 26 Denn nach zwölf Monaten, da der König auf der königlichen Burg zu Babel ging, 27 hob er an und sprach: Das ist die große Babel, die ich erbaut habe zum königlichen Hause durch meine große Macht, zu Ehren meiner Herrlichkeit. 28 Ehe der König diese Worte ausgeredet hatte, fiel eine Stimme von Himmel: Dir, König Nebukadnezar, wird gesagt: dein Königreich soll dir genommen werden; 29 und man wird dich von den Leuten verstoßen, und sollst bei den Tieren, so auf dem Felde gehen, bleiben; Gras wird man dich essen lassen wie Ochsen, bis über dir sieben Zeiten um sind, auf daß du erkennst, daß der Höchste Gewalt hat über der Menschen Königreiche und gibt sie, wem er will.

(4, 27) Gab es tatsächlich einen Grund, sich selbst so zu rühmen? Aus menschlicher Sicht zweifellos. Nebukadnezar hatte die Stadt gewaltig vergrößert und verschönert. Er erweiterte das Stadtgebiet, ließ Paläste und Wohngebiete bauen. Durch neue Außenmauern und Verteidigungsanlagen machte er Babylon nicht nur sicherer, sondern praktisch uneinnehmbar. Auf der anderen Seite des Euphrats errichtete er die Weststadt. Hinzu kam die staatsmännische Leistung Nebukadnezars. Sein Vater hatte das assyrische Joch abgeschüttelt und sein Herrschaftsgebiet in zahlreichen Feldzügen erweitert.
Aber es war Nebukadnezars Verdienst, die vielen besiegten Völkerschaften zu einem geeinten Weltreich zusammen zuschmieden.
Wie fest Nebukadnezar alles in der Hand hatte und das nicht nur mit Gewalt, zeigt sich an seiner langen Regierungszeit von 43 Jahren. Die Geburtsstunde des babylonischen Reiches war das Jahr seiner Thronbesteigung (605 v. Chr.). Das Ende kam mit der Einnahme Babylons durch das medisch - persische Heer im Jahre 539 v. Chr. Etwa zwei Drittel der Geschichte Neubabyloniens wurde von Nebukadnezar geschrieben. Es gab also für den König mehrere Gründe, sich seiner Leistungen zu rühmen.

Bei allem Glanz sollte aber die dunkle Kehrseite nicht übersehen werden. Nebukadnezar bediente sich der gleichen menschenverachtenden Methoden wie alle anderen Weltherrscher nach ihm.
Der Ausbau seiner Hauptstadt und die Ausweitung des Reichs kostete unzähligen Menschen das Leben. Auch das Leben der eigenen Soldaten hat er bedenkenlos seinem Ehrgeiz geopfert.

Dennoch gab es für den König genug Anlass, auf seine Macht und seine Taten stolz zu sein. Aber in der himmlischen Welt sah man nicht nur die glänzende Seite dieses Herrschers, sondern auch die dunkle. Es gab zu vieles im Leben dieses Mannes, dem Gott nicht zustimmen konnte. Als er sich auch noch seiner Macht und Herrlichkeit rühmte, war das Maß voll. Nebukadnezar glich in seiner Überheblichkeit und Prunk-sucht genau dem Bild, das der Prophet Jesaja vom König von Babylon gemalt hatte (Jes. 14, 12-15).

Was die Bibel Gott zuschreibt (Röm. 11, 36), sagt Nebukadnezar von sich *:„von ihm und durch ihn und zu ihm alle Dinge sind.“*

M. Oppert entzifferte folgende Inschrift : *„Nebukadnezar, König von Babylon, der Diener des ewigen Wesens, der Zeuge der Unveränderlichkeit des Merodach, der höchste Herrscher, der den Nebo erhöht, der Erlöser, welcher der Unterweisung des höchsten Gottes sein Ohr leiht, der Vertreter der Götter, der seine Macht nicht missbraucht, der Wiederhersteller der Pyramide und des Turmes, der älteste Sohn Nabopollars, des Königs von Babel, ich-wir sagen: Merodach, der große Herr selbst hat mich gezeugt, er hat mir befohlen seine Heiligtümer herzustellen.“ ; „Den Turm der ewige Wohnung, habe ich neu gegründet und erbaut, von Silber, Gold, Erz, Stein und glasierten Ziegeln, mit Zypressen und Zedern habe ich seine Pracht vollendet. Das Denkmal aus der ältesten Zeit von Babylon habe ich hergestellt und vollendet, in Ziegeln und Kupfer habe ich seinen Gipfel aufgerichtet.“* Nebukadnezar gedachte offenbar, den Turm Babels zu erneuern.

(4, 28) Unmittelbar nach seiner Erhebung folgte das Strafgericht Gottes. Im Altertum hatte man eine andere Einstellung zur Geisteskrankheit, als das heute meist der Fall ist. Man glaubte, dass Geisteskranke von niederen Göttern (Dämonen) besessen waren, die den Menschen schweren Schaden zufügen konnten. Und man war sich sicher, dass diese Dämonen von dem Besitz ergreifen würden, der einen Geisteskranken tötete.
Deshalb war es riskant, sich an solch einem Kranken zu vergreifen. So war es wohl die babylonische Theologie oder Psychologie, die den kranken König vor Thronräubern schützten.

30 Von Stund an ward das Wort vollbracht über Nebukadnezar, und er ward verstoßen von den Leuten hinweg, und er aß Gras wie Ochsen, und sein Leib lag unter dem Tau des Himmels, und er ward naß, bis sein Haar wuchs so groß wie Adlersfedern und seine Nägel wie Vogelsklauen wurden.
31 Nach dieser Zeit hob ich, Nebukadnezar, meine Augen auf gen Himmel und kam wieder zur Vernunft und lobte den Höchsten. Ich pries und ehrte den, der ewiglich lebt, des Gewalt ewig ist und des Reich für und für währt, 32 gegen welchen alle, so auf Erden wohnen, als nichts zu rechnen sind. Er macht's, wie er will, mit den Kräften im Himmel und mit denen, so auf Erden wohnen; und niemand kann seiner Hand wehren noch zu ihm sagen: Was machst du? 33 Zur selben Zeit kam ich wieder zur Vernunft, auch zu meinen königlichen Ehren, zu meiner Herrlichkeit und zu meiner Gestalt. Und meine Räte und Gewaltigen suchten mich, und ich ward wieder in mein Königreich gesetzt; und ich überkam noch größere Herrlichkeit. 34 Darum lobe ich, Nebukadnezar, und ehre und preise den König des Himmels; denn all sein Tun ist Wahrheit, und seine Wege sind recht, und wer stolz ist, den kann er demütigen.

(4, 31) Es ist ein Fortschritt in dem Erfassen des wahren Gottes bei Nebukadnezar zu erkennen: «Gott ist der Gott der Götter [einer unter den nationalen Göttern, oder Stammesgöttern, wenn auch größer als sie] und ein Herr [Adonai, das bedeutet Meister] der Könige und ein Offenbarer von Geheimnissen » (Dan. 2, 47)

Er ist eine hebräische Gottheit, aber Meister der Engel und ein Gott, der auf Glauben antwortet (3, 28). In diesen Versen erhebt sich der König zu einem wahren Erfassen Gottes. Vergleiche dies auch mit Darius in Dan. 6, 26-28.

Daniel 5

Belsazar ist der König, unter dessen Regentschaft Babylon von den Persern eingenommen wurde. Wie kurz die Geschichte des babylonischen Reichs war, zeigt die Tatsache, dass Daniel sie von Anfang bis Ende miterlebte. Zu Beginn der Herrschaft Nebukadnezars kam er als junger Mann nach Babylon, und als alter Mann erlebte er noch mit, wie der letzte König umgebracht und die Stadt erobert wurde.

Daniel schildert die Nacht, in der Babylon von den Persern eingenommen wurde. Es wird berichtet, was sich zu jener Zeit im Palast abspielte. Eine geheimnisvolle Hand erschien und schrieb eine Botschaft für den König und die Festgäste an die Wand. Lediglich Daniel war in der Lage, diese Zeilen zu deuten. Die Schrift auf der Wand besagte, dass die Zeit des babylonischen Reichs zu Ende sei, und dass die Perser die Herrschaft übernehmen würden.

In diesem Fall erfolgte die Offenbarung für alle Beteiligten sichtbar. Sie sahen, wie die Hand eine Botschaft schrieb, deren Sinn sie allerdings nicht verstehen konnten. Offensichtlich hatte Gott die Nachricht durch einen Engel übermittelt.

Belsazars Gastmahl

1 König Belsazer machte ein herrliches Mahl seinen tausend Gewaltigen und soff sich voll mit ihnen.
2 Und da er trunken war, hieß er die goldenen und silbernen Gefäße herbringen, die sein Vater
Nebukadnezar aus dem Tempel zu Jerusalem weggenommen hatte, daß der König mit seinen
Gewaltigen, mit seinen Weibern und mit seinen Kebsweibern daraus tränken. 3 Also wurden
hergebracht die goldenen Gefäße, die aus dem Tempel, aus dem Hause Gottes zu Jerusalem,
genommen waren; und der König, seine Gewaltigen, seine Weiber und Kebsweiber tranken daraus. 4
Und da sie so soffen, lobten sie die goldenen, silbernen, ehernen, eisernen, hölzernen und steinernen
Götter.
5 Eben zu derselben Stunde gingen hervor Finger wie einer Menschenhand, die schrieben, gegenüber
dem Leuchter, auf die getünchte Wand in dem königlichen Saal; und der König ward gewahr der
Hand, die da schrieb. 6 Da entfärbte sich der König, und seine Gedanken erschreckten ihn, daß ihm
die Lenden schütterten und die Beine zitterten.
7 Und der König rief überlaut, daß man die Weisen, Chaldäer und Wahrsager hereinbringen sollte.
Und er ließ den Weisen zu Babel sagen: Welcher Mensch diese Schrift liest und sagen kann, was sie
bedeute, der soll in Purpur gekleidet werden und eine goldene Kette am Halse tragen und der dritte
Herr sein in meinem Königreiche. 8 Da wurden alle Weisen des Königs hereingebracht; aber sie
konnten weder die Schrift lesen noch die Deutung dem König anzeigen. 9 Darüber erschrak der
König Belsazer noch härter und verlor ganz seine Farbe; und seinen Gewaltigen ward bange.
10 Da ging die Königin um solcher Sache des Königs und seiner Gewaltigen willen hinein in den
Saal und sprach: Der König lebe ewiglich! Laß dich deine Gedanken nicht so erschrecken und
entfärbe dich nicht also! 11 Es ist ein Mann in deinem Königreich, der den Geist der heiligen Götter
hat. Denn zu deines Vaters Zeit ward bei ihm Erleuchtung gefunden, Klugheit und Weisheit, wie der
Götter Weisheit ist; und dein Vater, König Nebukadnezar, setzte ihn über die Sternseher, Weisen,
Chaldäer und Wahrsager, 12 darum daß ein hoher Geist bei ihm gefunden ward, dazu Verstand und
Klugheit, Träume zu deuten, dunkle Sprüche zu erraten und verborgene Sachen zu offenbaren:
nämlich Daniel, den der König ließ Beltsazar nennen. So rufe man nun Daniel; der wird sagen, was
es bedeutet.

(5, 1) Offenbar war alles, was in Babylon Rang und Namen hatte, zu diesem Festmahl eingeladen. Auch die Königin, die Nebenfrauen des Königs und sogar seine

(5, 2) Bei diesem Bankett floss Wein und Bier in Strömen. Die Babylonier waren wegen ihrer Braukunst berühmt. Das „Saufgelage" an sich ist nicht der springende Punkt, sondern die sich daraus ergebende Gotteslästerung. Er ließ die aus dem Jerusalemer Tempel geraubten heiligen Gefäße holen, um sich über den Gott der Juden und anderer Gottheiten lustig zu machen. Wichtig ist dabei, dass es in der Absicht geschah, die Götter der unterdrückten Völker zu verhöhnen. Hinter dieser Idee steckte nicht nur bierseliger Übermut, sondern eine ganz bestimmte Weltsicht und Theologie der damaligen Zeit. Damals glaubte man, dass sich die Götter menschlicher Werkzeuge bedienten, um auf der Erde tätig zu werden. Zugleich war man davon überzeugt, dass sich alle Geschehnisse zugleich auf zwei Ebenen abspielen. Das heißt, was hier auf Erden geschieht, ist nur das Abbild dessen, was sich gerade in der Götterwelt zu-trägt. Wenn die Babylonier also ein anderes Volk besiegten, glaubten sie, dass ihr Gott Marduk den Sieg über den Gott dieses Volkes davongetragen hatte.

Das Wort «Vater» wird hier, wie oft in der Schrift, gebraucht, um einen Vorfahren zu bezeichnen; z. B. David wird der Vater von Jesus genannt (Lk. 1, 31-32). Belsazer ist der Enkel von Nebukadnezar durch seine Mutter.

13 Da ward Daniel hinein vor den König gebracht. Und der König sprach zu Daniel: Bist du der Daniel, der Gefangenen einer aus Juda, die der König, mein Vater aus Juda hergebracht hat? 14 Ich habe von dir hören sagen, daß du den Geist der Götter hast und Erleuchtung, Verstand und hohe Weisheit bei dir gefunden sei. 15 Nun habe ich vor mich fordern lassen die Klugen und Weisen, daß sie mir diese Schrift lesen und anzeigen sollen, was sie bedeutet: und sie können mir nicht sagen, was solches bedeutet. 16 Von dir aber höre ich, daß du könnest Deutungen geben und das Verborgene offenbaren. Kannst du nun die Schrift lesen und mir anzeigen, was sie bedeutet, so sollst du mit Purpur gekleidet werden und eine golden Kette an deinem Halse tragen und der dritte Herr sein in meinem Königreiche.

17 Da fing Daniel an und redete vor dem König: Behalte deine Gaben selbst und gib dein Geschenk einem andern; ich will dennoch die Schrift dem König lesen und anzeigen, was sie bedeutet. 18 Herr König, Gott der Höchste hat deinem Vater, Nebukadnezar, Königreich, Macht, Ehre und Herrlichkeit gegeben. 19 Und vor solcher Macht, die ihm gegeben war, fürchteten sich vor ihm alle Völker, Leute und Zungen. Er tötete wen er wollte; er ließ leben, wen er wollte; er erhöhte, wen er wollte; er demütigt, wen er wollte. 20 Da sich aber sein Herz erhob und er stolz und hochmütig ward, ward er vom königlichen Stuhl gestoßen und verlor seine Ehre 21 und ward verstoßen von den Leuten hinweg, und sein Herz ward gleich den Tieren, und er mußte bei dem Wild laufen und fraß Gras wie Ochsen, und sein Leib lag unterm Tau des Himmels, und er ward naß, bis daß er lernte, daß Gott der Höchste Gewalt hat über der Menschen Königreiche und gibt sie, wem er will. 22 Und du, Belsazer, sein Sohn, hast dein Herz nicht gedemütigt, ob du wohl solches alles weißt, 23 sondern hast dich wider den HERRN des Himmels erhoben, und die Gefäße seines Hauses hat man vor dich bringen müssen, und du, deine Gewaltigen, deine Weiber und deine Kebsweiber habt daraus getrunken, dazu die silbernen, goldenen, ehernen, eisernen, hölzernen und steinernen Götter gelobt, die weder sehen noch hören noch fühlen; den Gott aber, der deinen Odem und alle deine Wege in seiner Hand hat, hast du nicht geehrt. 24 Darum ist von ihm gesandt diese Hand und diese Schrift, die da verzeichnet steht.

(5, 16) Hier ist von einem «dritten Platz im Reich» die Rede und nicht vom zweiten, wie es eigentlich zu erwarten wäre. Der erste Mann im Staat war König Nabonid, Belsazars Vater. Er hatte er seinen Sohn zum Mitregenten gemacht, solange er nicht in Babylon weilte. In einer babylonischen Quelle heißt es, Nabonid „vertraute ihm [Belsazar] das Königreich an". Belsazar war also der zweite Mann im Staat.

Historische Texte erwähnen, dass sich Nabonid ganze zehn Jahre außerhalb des Königreichs aufhielt .In Tema (Tayma) in Arabien fanden Wissenschaftler einen Komplex aus Häusern, die in der Architektur denen aus Babylon glichen. Keilschriften, die dort gefunden wurden berichten von einem König der hier residierte. In der Nähe der Stadt fand man folgende Inschrift, die in einem Felsen geritzt wurde; „*Ich bin Andes, ein Gefährte des Nabonid. König von Babylon.*" Für den Aufenthalt in Tema könnte seine ungewöhnliche religiöse Orientierung geführt haben. Aus Keilschriften, die in Babylon gefunden wurden geht hervor, dass Nabonid nicht nur den Stadtgott Marduk, sondern auch den Mondgott Sin huldigte. Dies führte zu heftigen Auseinandersetzungen mit den Priestern Babylons, worauf er Babylon verließ.

Als Babylon angegriffen wurde, führte Nabonid einen Teil des Heeres zum Tigris, um dort gegen Kyros und seine Truppen zu kämpfen. Belsazar blieb mit dem anderen Teil des Heeres in Babylon, um die Hauptstadt zu schützen. Nabonid wurde am vierzehnten Tag des Monats Tischri geschlagen; zwei Tage später fiel die Hauptstadt in die Hände der Meder und Perser. Die Stadt Babylon wurde am 12. Oktober 539 v. Chr. eingenommen.

(5, 18) Die biblische Reihenfolge der Monarchen zu Daniels Zeiten ist folgende:

- Nebukadnezar (ca. 604-562 v. Chr.), mit dem die Gefangenschaft Judas und «die Zeit der Heiden» begann (Lk. 21, 24 und Offb. 16, 19), und der die erste der vier Weltmonarchien aufrichtete (2, 37-38, 7, 4).
- Belsazer (ca. 556-539 v. Chr.) der Bel-sharusur der Inschriften, der älteste Sohn des Nabonid und Mitregent mit seinem Vater.
- Darius, der Meder (ca. 539 v. Chr. - ?), Daniel 6, 1; 6, 2-28; 9, 1. Über diesen Darius erwartet die weltliche Geschichtsforschung noch weitere Aufschlüsse durch neue Entdeckungen. Man hat vermutet, dass er Gobryas (Gubaru) war, ein medischer Beamter, den Kores nach der Eroberung Babylons zum Herrscher machte.
- Kores (Cyrus) (ca. 539-530 v. Chr.), mit dessen Aufsteigen zur Macht das medo-persische Weltreich voll in Erscheinung trat (Daniel 2, 39; 7, 5).

In Kap. 8, 1-4 wird die medische Macht des Darius als das kleinere der beiden Hörner des Widders dargestellt, die persische Macht des Kores als das größere Horn, das zuletzt erschien. Unter Kores (Cyrus), der mehr als ein Jahrhundert vor seiner Geburt genannt wird (Jes. 44, 28 - 45, 4), begann die Rückkehr des jüdischen Überrestes nach Palästina (Esra 1, 1-4).

(5, 20) Es geht um den Stolz und die Erniedrigung Nebukadnezars. Er wollte dem König klarmachen, dass es besser gewesen wäre, aus der Geschichte seiner Vorfahren entsprechende Schlüsse zu ziehen. Berichte aus zeitgenössischen Quellen zeigen, dass sich Nabonid und Belsazar ganz bewusst nicht nur Marduk, den Hauptgott Babylons, sondern auch den Mondgott Sin verehrten.

So ließ Nabonid beispielsweise in Babylonien und Syrien zerstörte Sin Tempel wieder aufbauen und prächtig ausstatten. Und selbst in Arabien errichtete er einen Sin Tempel.

25 Das aber ist die Schrift, allda verzeichnet: Mene, mene, Tekel, U-pharsin. 26 Und sie bedeutet dies: Mene, das ist Gott hat dein Königreich gezählt und vollendet. 27 Tekel, das ist: man hat dich in einer Waage gewogen und zu leicht gefunden. 28 Peres, das ist: dein Königreich ist zerteilt und den Medern und Persern gegeben. 29 Da befahl Belsazer, daß man Daniel mit Purpur kleiden sollte und ihm eine goldene Kette an den Hals geben, und ließ ihm verkündigen, daß er der dritte Herr sei im Königreich.
30 Aber in derselben Nacht ward der Chaldäer König Belsazer getötet.
(5, 25) Der Schriftzug an der Wand bestand aus vier Wörtern. Jedes der drei aramäischen Wörter hat einen doppelten Sinn, «MENE» (von mena, zählen) wird wiederholt, um es zu betonen. Gott hat die Tage des babylonischen Königreiches gezählt; «TEKEL» (von tekal, wägen) zeigt an, dass das Königreich von Gott moralisch gewertet wurde und zu leicht befunden wurde, «PERES» (von peres, teilen; «Perser» kommt von paras) ist eine Voraussage, dass das Königreich geteilt werden wird und den Persern gegeben wird; «UPHARSIN» (u heißt im Aramäischen lind, ebenso wie im Hebräischen) ist der Plural von PERES.
Diese Doppelung des ersten Wortes mene ist kein Zufall. Sie könnte andeuten, dass beide Könige - Nabonid und Belsazar - gemeint sind, und dass keiner von ihnen weiterregieren würde. Beider Herrschaft sollte zum selben Zeitpunkt beendet werden. Bei Belsazar durch den Tod und bei Nabonid durch seine Niederlage und Flucht ins Exil.

(5, 29) Daniel wurde zum dritten Herrscher gemacht, weil Nabonid, der letzte König von Babylonien, seinen Sohn Belsazer zum Mitregenten über das Königreich in Babylonien erhoben hatte, während er selbst in Tema in Arabien regierte.

(5 ,30) Das Angebot, Daniel zum „dritten“ im Königreich zu machen war also völlig korrekt. Das spricht für eine frühe Datierung des Danielbuchs. Als Lohn für die Entschlüsselung des geheimnisvollen Spruchs an der Wand wurde Daniel gegen seinen Willen zum dritten Mann im Staat erhoben. Er blieb es nur wenige Stunden, denn noch in derselben Nacht fiel die Stadt in die Hände der Perser und Belsazar fand den Tod .

Der entscheidende Angriff der Perser auf Babylon begann am Abend des fünfzehnten Tischri und wurde in den Morgenstunden des sechzehnten Tischri beendet. In dieser Nacht war Vollmond. Babylon fiel also, als Sin, der Mondgott, nach babylonischer Anschauung am mächtigsten war und die Nacht mit seinem Glanz erleuchtete. Obwohl Nabonid Sin als einen der mächtigsten babylonischen Götter verehrt hatte, erwies sich nun für jedermann, dass er den Plänen des wahren Gottes nichts entgegensetzen konnte.

Noch ein weiterer kalendarischer Aspekt lässt sich mit den damaligen Ereignissen verbinden. Tischri war sowohl im jüdischen wie auch im babylonischen Kalender der siebente Monat des Jahres. Das Fest des jüdischen Versöhnungstages (Yom Kippur) fiel auf den zehnten Tag des Monats Tischri. Das heißt, dieser Versöhnungstag fand gerade fünf Tage vor dem Fall Babylons statt. Als Daniel die Schrift an der Wand las, deutete er den Sinn des Wortes tekel folgendermaßen: „*Man hat dich auf der Waage gewogen und zu leicht befunden.*“ (Vers 27)

Das Verb für „wiegen“ steht hier in der Vergangenheitsform. Wann könnte Gott ein solches Urteil über Babylon gefällt haben? Von allen Tagen des jüdischen Kalenders war der Versöhnungstag dafür am geeignetsten. Das war nämlich für die Israeliten seit Alters ein Tag des Gerichts.

Der griechische Geschichtsschreiber Herodot besuchte dieses Gebiet hundert Jahre nach jenen Ereignissen. Aufgrund von Berichten Einheimischer schildert er, auf welche Weise das medo-persische Heer Babylon eingenommen hat. „*Die Perser hatten den Euphrat abgeleitet und waren nachts durch das trockengelegte Flussbett in die Stadt eingedrungen. So konnten sie Babylon trotz der unüberwindlichen Festungsanlagen im Handstreich erobern.*“ (Historien, 7:1). In diesem Zusammenhang ist vielleicht noch interessant, dass der Euphrat ausgerechnet im Monat Tischri (Oktober), seinen niedrigsten Wasserstand hat, so dass eventuell nicht einmal viel Wasser umgeleitet werden musste. Hier passte für Babylons Feinde wirklich alles zusammen.

Allerdings gab es noch ein Hindernis, an dem die Einnahme der Stadt hätte scheitern können. Das waren die Tore, mit denen Babylon zum Fluss hin gesichert war. Zwar wurden sie nicht sehr streng bewacht, doch hätten die Perser sie mit Gewalt aufbrechen müssen. Historiker vermuten, dass es in Babylon Regimekritiker gegeben haben muss, die in den Persern ihre Befreier sahen und ihnen deshalb die Tore von innen öffneten. Nabonid scheint ein unbeliebter König gewesen zu sein. Verschiedene Texte, die nach dem Fall Babylons geschrieben wurden, legen sogar den Verdacht nahe, dass er zeitweise geistig verwirrt gewesen sein muss. Solche Informationen könnten natürlich auch Teil einer persischen Verleumdungskampagne gewesen sein, um die Bevölkerung für das neue Regime zu gewinnen.

Wie immer die Perser das Problem mit den Stadttoren auch gelöst haben mögen, ob mittels Verrat oder auf andere Weise. Fest steht, dass gerade diese Aktion schon vom Propheten Jesaja 45, 1-3 vorausgesagt worden war: „*So spricht der Herr zu seinem Gesalbten, zu Kyros, den ich bei seiner rechten Hand ergriff, dass ich Völker vor ihm unterwerfe und Königen das Schwert abgürte, damit vor ihm Türen geöffnet werden und Tore nicht verschlossen bleiben. Ich will vor dir hergehen und das Bergland eben machen, ich will die ehernen Türen zerschlagen und die eisernen Riegel zerbrechen und ich will dir heimliche Schätze geben und verborgene Kleinode, damit du erkennst, dass ich der Herr bin, der dich beim Namen ruft, der Gott Israels.*“

Der griechische Geschichtsschreiber Xenophon (Kyrupädie VII, V, 24-32) bestätigt den biblischen Bericht. Er nennt zwar nicht den Namen Belsazar, erwähnt aber ein Bankett im babylonischen Königspalast, bei dem ein König von Babylon getötet worden sei. Er scheint auch die Hintergründe zu dieser Tat gekannt zu haben, von denen der biblische Bericht nichts sagt. Laut Xenophon soll Nabonid, der Hauptkönig von Babylon, anlässlich einer Jagd den Sohn des Gobryas getötet haben, jenes persischen Generals, der in dieser Nacht die feindlichen Truppen befehligte. Als Vergeltung für den Tod seines Sohnes, so schreibt Xenophon, soll Gobryas den Sohn Nabonids getötet haben.

Daniel 6

Hier wird erzählt, was geschah nachdem die Perser in den eroberten Territorien ihre Verwaltung einrichteten. Daniel spielte bei der Einrichtung der neuen persischen Verwaltung eine aktive Rolle. Das weckte den Neid der Beamtenschaft und wurde ihm fast zum Verhängnis.

Verglichen mit anderen antiken Großmächten waren die Perser ziemlich moderate Eroberer. Wenn möglich, ließen sie die einheimischen Fürsten und Beamten in ihren Ämtern. Anstatt sie zu vertreiben oder zu beseitigen, schulten sie diese so um, dass sie dem persischen Reich von Nutzen waren. Ein weiterer Beweis ihrer Milde war die Tatsache, dass sie Gefangene und deportierte Volksgruppen wieder in ihr Heimatland zurückkehren ließen (Esra, Nehemia). Mit den babylonischen Königen gingen die Perser allerdings nicht so nachsichtig um. Belsazar wurde bei der Einnahme Babylons getötet. Sein Vater Nabonid geriet in Gefangenschaft und wurde in das weit entfernte Carmanien verbannt.

Nachdem die Perser in Babylonien die Macht übernommen hatten, musste für das eroberte Gebiet ein Regent eingesetzt werden. Kyros, der Herrscher des Perserreichs, machte Darius, den Meder, zum Vizekönig von Babylon.

Darius muss sehr schnell gemerkt haben, dass Daniel alle anderen Beamten an Weisheit und Kenntnis überragte. Deshalb trug er sich mit dem Gedanken, ihn zum Gouverneur über ganz Babylonien zu machen. Das wiederum wollten Daniels Kollegen mit allen Mitteln verhindern. Die einzige Angriffsfläche, die dieser Hebräer bot, waren seine religiösen Gepflogenheiten. Hier gedachten die Verschwörer anzusetzen.

Daniel in der Löwengrube

1 Und Darius aus Medien nahm das Reich ein, da er zweiundsechzig Jahre alt war. 2 Und Darius sah
es für gut an, daß er über das ganze Königreich setzte hundertzwanzig Landvögte. 3 Über diese setzte
er drei Fürsten, deren einer Daniel war, welchen die Landvögte sollten Rechnung tun, daß der König
keinen Schaden litte. 4 Daniel aber übertraf die Fürsten und Landvögte alle, denn es war ein hoher
Geist in ihm; darum gedachte der König, ihn über das ganze Königreich zu setzen. 5 Derhalben
trachteten die Fürsten und Landvögte darnach, wie sie eine Sache an Daniel fänden, die wider das
Königreich wäre. Aber sie konnten keine Sache noch Übeltat finden; denn er war treu, daß man ihm
keine Schuld noch Übeltat an ihm finden mochte.
6 Da sprachen die Männer: Wir werden keine Sache an Daniel finden außer seinem Gottesdienst. 7
Da kamen die Fürsten und Landvögte zuhauf vor den König und sprachen zu ihm also: Der König
Darius lebe ewiglich! 8 Es haben die Fürsten des Königreichs, die Herren, die Landvögte, die Räte
und Hauptleute alle Gedacht, daß man einen königlichen Befehl soll ausgehen lassen und ein strenges
Gebot stellen, daß, wer in dreißig Tagen etwas bitten wird von irgend einem Gott oder Menschen
außer dir, König, allein, solle zu den Löwen in den Graben geworfen werden. 9 Darum, lieber König,
sollst du solch Gebot bestätigen und dich unterschreiben, auf daß es nicht geändert werde, nach dem
Rechte der Meder und Perser, welches niemand aufheben darf. 10 Also unterschrieb sich der König
Darius.

(6, 1) Aramäisch: empfing (das Reich). Darius wurde unter Kores (Cyrus), dem persischen «König der Könige» zum König gemacht (vergleiche mit Daniel 9, 1).

Darius ist der Thronname eines Königs, der unter dem Namen Kyarxares II. bekannt war, bevor er zum Herrscher über Babylon bestimmt wurde. Es war damals eine gängige Praxis bei der Thronbesteigung einen Thronnamen anzunehmen.
Genau so, wie es beim katholischen Oberhaupt immer noch Brauch ist. Die assyrischen Könige nahmen nach der Eroberung Babylons neue Namen an nahmen. Tiglat Pileser III. nannte sich Pulu (2. Kön 15, 19.29) und Salmanasser V. war unter dem Namen Ululai bekannt (8. Jahrh. v. Chr.).
Darius herrschte nur zwei Jahre, nach seinem Tod wurde sein Neffe und Schwiegersohn Cyrus König. Nachdem Kambyses gestorben war, wurde ganz Medien-Persien unter Cyrus vereinigt.

(6, 8) Aus heutiger Sicht erscheint solches Vorgehen absurd, und man fragt sich, wie Daniels Feinde annehmen konnten, auf diesem Weg zum Ziel zu kommen. Außerdem betraf eine solche Anordnung ja nicht nur Daniels Gottesverehrung, sondern den gesamten Götterkult Babylons.

Um den Sinn eines solchen Erlasses zu verstehen, muss man die verworrenen religiösen Verhältnisse nach der Eroberung durch die Perser berücksichtigen. Nabonid, der letzte babylonische König, wollte seine Hauptstadt mit allen Mitteln vor dem Zugriff der Perser schützen. Dazu bediente er sich militärischer und religiöser Mittel. Er verließ sich nicht nur auf seine Truppen, sondern suchte sich auch des Schutzes aller verfügbaren Götter zu versichern. Deshalb hatte er aus allen größeren Städten Götterstatuen nach Babylon bringen und auf die Tempel der Stadt verteilen lassen. Nabonid wollte die Götter in seiner Nähe und auf seiner Seite wissen. Dabei ging er von dem Gedanken aus, dass die Götter verpflichtet seien, die Stadt, in der sie verehrt wurden, auch vor ihren Feinden zu schützen.

Genutzt hatte das alles nichts, denn die Götter konnten das Eindringen der Perser nicht verhindern. Allerdings hatten die Sieger nun ein religiöses Problem am Hals. Weil sich fast alle Götterstatuen in der Hauptstadt befanden, war das religiöse Leben in der Provinz teilweise lahm-gelegt. Wer wollte schon in einem leeren Tempel zu seinem Gott beten? Die persische Regierung erkannte schnell, dass hier Abhilfe geschaffen werden musste, aber der Rücktransport der Statuen und die damit verbundenen religiösen Rituale brauchten Zeit. In der Nabonid-Chronik steht, dass die Überführungsaktionen erst gegen Ende des babylonischen Kalenderjahrs, etwa vier Monate nach dem Sieg der Perser, abgeschlossen waren.

Angesichts solch verworrener Verhältnisse wird das Gebot, keine Bitte an irgendeinen Gott, sondern nur an den König selbst richten zu dürfen, verständlicher. Unter normalen Umständen wäre solch ein Gebot auch damals absurd gewesen, aber in jener Zeit herrschten weder auf politischem noch auf religiösem Gebiet normale Verhältnisse.

11 Als nun Daniel erfuhr, daß solch Gebot unterschrieben wäre, ging er hinein in sein Haus (er hatte
aber an seinem Söller offene Fenster gegen Jerusalem); und er fiel des Tages dreimal auf seine Kniee,
betete, lobte und dankte seinem Gott, wie er denn bisher zu tun pflegte. 12 Da kamen diese Männer
zuhauf und fanden Daniel beten und flehen vor seinem Gott.
13 Und traten hinzu und redeten mit dem König von dem königlichen Gebot: Herr König, hast du
nicht ein Gebot unterschrieben, daß, wer in dreißig Tagen etwas bitten würde von irgend einem Gott
oder Menschen außer dir, König, allein, solle zu den Löwen in den Graben geworfen werden? Der
König antwortete und sprach: Es ist wahr, und das Recht der Meder und Perser soll niemand
aufheben. 14 Sie antworteten und sprachen vor dem König: Daniel, der Gefangenen aus Juda einer,
der achtet weder dich noch dein Gebot, das du verzeichnet hast; denn er betet des Tages dreimal.
15 Da der König solches hörte, ward er sehr betrübt und tat großen Fleiß, daß er Daniel erlöste, und
mühte sich bis die Sonne unterging, daß er ihn errettete. 16 Aber die Männer kamen zuhauf zu dem
König und sprachen zu ihm: Du weißt, Herr König, daß der Meder und Perser Recht ist, daß alle
Gebote und Befehle, so der König beschlossen hat, sollen unverändert bleiben.
17 Da befahl der König, daß man Daniel herbrächte; und sie warfen ihn zu den Löwen in den
Graben. Der König aber sprach zu Daniel: Dein Gott, dem du ohne Unterlaß dienst, der helfe dir! 18
Und sie brachten einen Stein, den legten sie vor die Tür am Graben; den versiegelte der König mit
seinem eigenen Ring und mit dem Ring der Gewaltigen, auf daß nichts anderes mit Daniel geschähe.
19 Und der König ging weg in seine Burg und blieb ungegessen und ließ auch kein Essen vor sich
bringen, konnte auch nicht schlafen.

(6, 11) Im Grunde interessierte es die babylonischen Beamten herzlich wenig, ob jemand diesen oder jenen Gott anbetete, denn es ging ihnen lediglich um Daniel und seinen Gott. Sie wussten, dass Daniel feststehende Gebetszeiten hatte.

Daniel betete um die Zeit, in der früher im Tempel das Morgen- und Abendopfer dar gebracht worden war (Daniel 9, 21). Da sich damals Religion meist nicht hinter verschlossenen Türen abspielte, waren Daniels öffentliche Gebete nichts besonderes.

Sein lebendiger, tätiger Glaube wurde aus der Quelle regelmäßiger Gebets- und Andachtszeiten gespeist. Er betete nicht erst, wenn ihm die Schwierigkeiten über den Kopf zu wachsen drohten. Anderseits wollte er kein geistliches Schauspiel bieten, als er trotz des Verbots weiterhin regelmäßig betete.
Die Treue im Bezug auf Andacht und Gebet hatte schon eine lange Tradition und war Ausdruck seiner Beziehung zu Gott. Offenbar war ihm die enge Beziehung zu Gott nicht trotz, sondern gerade wegen seiner verantwortungsvollen Tätigkeit im Staat wichtig. Deshalb konnte und wollte er sie sich durch nichts zerstören lassen. Das Verbot des Königs rückte nur Daniels alte Gewohnheit in den Mittelpunkt.

Daniel wurde 605 v. Chr. im Alter von etwa 18 Jahren nach Babylon verschleppt. Die hier geschilderten Ereignisse trugen sich während der kurzen Regierungszeit von Darius, dem Meder, zu, also zwischen 539 und 538. Daniel war also zu jener Zeit etwa 85 Jahre alt. Trotz seines hohen Alters muss er körperlich und geistig noch erstaunlich leistungsfähig gewesen sein, denn sonst hätte Darius ihn nicht in solch ein hohes Regierungsamt berufen können.

(6, 16) Die Tatsache, dass persische Gesetze nicht verändert werden durften, wenn sie erst einmal in Kraft getreten waren, spielte in dem Plan der Feinde Daniels eine entscheidende Rolle.

Offenbar hatten sie damit gerechnet, dass der König alles in Bewegung setzen würde, um Daniel zu schützen, sobald ihm klar wurde, worauf die ganze Geschichte hinauslief. Der Geschichtsschreiber Xenophon schreibt über Kyaxares II. (Darius der Meder) : „*Er ist weich, unbesonnen, schnell aufbrausend, aber auch nicht ohne weiche, selbst in Tränen übergehende Gemütsart.*“

(6, 17) Der Spaten der Archäologen macht es möglich zu sagen, wo sich der Löwengraben damals befand. Eine der größten architektonischen Leistungen in Babylon waren die sogenannten hängenden Gärten. Sie galten als eins der sieben Weltwunder der Antike. Nebukadnezar hat sie für eine seiner Nebenfrauen, eine medische Prinzessin, gebaut. Als die in die trockene und heiße mesopotamische Tiefebene ziehen musste, so heißt es, soll sie sich vor Sehnsucht nach ihrer kühlen und gebirgigen Heimat verzehrt haben. Um ihr Heimweh zu mildern, habe der König die hängenden Gärten bauen lassen.

Dass es diesen Löwengraben wirklich gegeben hat, wird heute kaum noch bezweifelt, denn solche Zwinger gab es damals nachweislich auch in anderen Städten, zum Beispiel im südmesopotamischen Ur. Wie Keilschrifttafeln bezeugen, hat es in Ur schon um 2000 v. Chr. - also zur Zeit Abrahams - einen Löwenzwinger gegeben. Antike Bürokraten haben sogar über die Art und Menge des Löwenfutters Buch geführt.

20 Des Morgens früh, da der Tag anbrach, stand der König auf und ging eilend zum Graben, da die
Löwen waren. 21 Und als er zum Graben kam rief er Daniel mit kläglicher Stimme. Und der König
sprach zu Daniel: Daniel, du Knecht des lebendigen Gottes, hat dich auch dein Gott, dem du ohne
Unterlaß dienst, können vor den Löwen erlösen? 22 Daniel aber redete mit dem König: Der König
lebe ewiglich! 23 Mein Gott hat seinen Engel gesandt, der den Löwen den Rachen zugehalten hat,
daß sie mir kein Leid getan haben; denn vor ihm bin ich unschuldig erfunden; so habe ich auch wider
dich, Herr König, nichts getan.
24 Da ward der König sehr froh und hieß Daniel aus dem Graben ziehen. Und sie zogen Daniel aus
dem Graben, und man spürte keinen Schaden an ihm; denn er hatte seinem Gott vertraut. 25 Da hieß
er die Männer, so Daniel verklagt hatten, herbringen und zu den Löwen in den Graben werfen samt
ihren Weibern und Kindern. Und ehe sie auf den Boden hinabkamen, ergriffen sie die Löwen und
zermalmten alle ihre Gebeine.
26 Da ließ der König Darius schreiben allen Völkern, Leuten und Zungen auf der ganzen Erde: »Viel
Friede zuvor! 27 Das ist mein Befehl, daß man in der ganzen Herrschaft meines Königreiches den
Gott Daniels fürchten und scheuen soll. Denn er ist der lebendige Gott, der ewiglich bleibt, und sein
Königreich ist unvergänglich, und seine Herrschaft hat kein Ende. 28 Er ist ein Erlöser und Nothelfer,
und er tut Zeichen und Wunder im Himmel und auf Erden. Der hat Daniel von den Löwen erlöst.«
29 Und Daniel ward gewaltig im Königreich des Darius und auch im Königreich des Kores, des
Persers.

(6, 25) Daniel forderte den Tod seiner Widersacher nicht, sondern Darius warf sie den Löwen vor!

Nachtrag: Zu erwähnen ist noch, dass es in der Nähe von Babylon eine Statue gibt, die einen Mann und einen Löwen zusammen zeigen.

Daniel 7

Diese Prophezeiung empfing Daniel im ersten Herrschaftsjahr des Königs Belsazar, also ungefähr 550 v. Chr. Sie erfolgte einige Zeit vor den Ereignissen, die in Daniel 5 und 6 beschrieben und auf 539 bzw. 538 datiert werden können.

Belsazar war einer der beiden letzten Könige des neubabylonischen Reiches, bevor es den Persern in die Hände fiel.

Die Prophezeiung von Daniel 7 wurde Daniel selbst in einer nächtlichen Vision gegeben, doch er vergaß sie nicht, wie vorher bei Nebukadnezar, sondern konnte sie am Morgen noch aufschreiben. Der Offenbarungsmodus war derselbe, doch die Empfänger unterschieden sich erheblich voneinander. Nebukadnezar hatte in beiden Fällen zwar den Traum empfangen, konnte damit aber nichts anfangen, da er ihn nicht deuten konnte. Er war auf die Vermittlung eines anderen angewiesen. Daniel dagegen wurde mit der Vision zugleich auch die Deutung übermittelt. Deshalb stellt die Vision in Daniel 7 gewissermaßen seine Berufung zum Propheten dar.

Ein weiterer Aspekt dieses prophetischen Traums liegt darin, dass dem Propheten während seiner Vision ein Engel zur Seite stand, der die Vision auslegte. Vorher wurde solch ein himmlischer Ausleger nicht erwähnt. Während der Vision wurde Daniel ein Blick in den himmlischen Thronsaal gewährt (Daniel 7, 9-14). Während dieser Schau ging Daniel *„zu einem von denen, die dastanden, und bat ihn, dass er mir über das alles Genaueres berichtete“* (Daniel 7, 16). In der Vision sprach der Engel mit ihm und erklärte ihm das Gesehene.

Daniels Erfahrung entwickelt sich im Vergleich zu den beiden vorherigen Fällen an dieser Stelle weiter. Jetzt wurde ihm diese Prophezeiung direkt anvertraut. Außerdem stand ihm während dieses Traums ein Engel zur Seite, der ihm die Symbole der Vision erklärte.

Daniels Vision von den vier Tieren und dem Menschensohn

1 Im ersten Jahr Belsazers, des Königs zu Babel, hatte Daniel einen Traum und Gesichte auf seinem
Bett; und er schrieb den Traum auf und verfaßte ihn also:
2 Ich, Daniel, sah ein Gesicht in der Nacht, und siehe, die vier Winde unter dem Himmel stürmten
widereinander auf dem großen Meer. 3 Und vier große Tiere stiegen heraus aus dem Meer, ein jedes
anders denn das andere. 4 Das erste wie ein Löwe und hatte Flügel wie ein Adler. Ich sah zu, bis daß
ihm die Flügel ausgerauft wurden; und es ward von der Erde aufgehoben, und es stand auf zwei
Füßen wie ein Mensch, und ihm ward ein menschlich Herz gegeben. 5 Und siehe, das andere Tier
hernach war gleich einem Bären und stand auf der einen Seite und hatte in seinem Maul unter seinen
Zähnen drei große, lange Zähne. Und man sprach zu ihm: Stehe auf und friß viel Fleisch! 6 Nach
diesem sah ich, und siehe, ein anderes Tier, gleich einem Parder, das hatte vier Flügel wie ein Vogel
auf seinem Rücken, und das Tier hatte vier Köpfe; und ihm ward Gewalt gegeben.
7 Nach diesem sah ich in diesem Gesicht in der Nacht, und siehe, das vierte Tier war greulich und
schrecklich und sehr stark und hatte große eiserne Zähne, fraß um sich und zermalmte, und das
übrige zertrat's mit seinen Füßen; es war auch viel anders denn die vorigen und hatte zehn Hörner. 8
Da ich aber die Hörner schaute, siehe, da brach hervor zwischen ihnen ein anderes kleines Horn, vor
welchen der vorigen Hörner drei ausgerissen wurden; und siehe, dasselbe Horn hatte Augen wie
Menschenaugen und ein Maul, das redete große Dinge.

(7, 2) «Meer» bedeutet in der Bildersprache der Schrift das Völkermeer, die unorganisierte Masse der Menschheit (Jes. 60, 5; Mt. 13, 47; Lk. 21, 25; Offb. 13, 1).

(7, 3) Tiere als Sinnbilder von Königen und Königreichen darzustellen ist eine uralte Sitte. Dies wurde aber erst dadurch bedeutsam, als diese auf Fahnen, Schildern, Kunstwerken und Denkmälern dargestellt wurden. Die Bildersprache, ist bereits in Jes. 27, 1 ; 51, 9; Hes. 29, 3; 32, 2; Ps. 68, 31 zu finden.

(7, 4) Die Monarchie-Vision Nebukadnezars (Daniel 2) zeigt dieselbe Reihenfolge der Ereignisse wie die Tier-Vision Daniels, aber mit folgendem Unterschied:
Nebukadnezar sah die eindrucksvolle äußere Macht und den Glanz der «Zeiten der Heiden» (Lk. 21, 24 ; Offb. 16, 19). Daniel dagegen sah den wahren Charakter der heidnischen Weltherrschaft der raubgierig, kriegerisch ist und alles mit Gewalt durchsetzt und sich so behauptet. Es ist beachtenswert, dass die Zeichen in den Wappen der heidnischen Nationen so häufig Raubtiere oder Raubvögel sind.

Der geflügelte Löwe war ein Wappentier der Babylonier. Das Stadttor war mit einer Reihe von Löwen aus glasierten Ziegeln ausgestattet, die heute im Pergamonmuseum in Berlin zu besichtigen sind. Die Adlerflügel stellen die Schnelligkeit der Eroberungen Babylons dar.

Dann tritt eine Wende ein. Ihm werden die Flügel genommen und ein menschliches Herz gegeben. Tatsächlich vergrößerte sich das babylonische Reich in späterer Zeit nicht mehr, sondern schrumpfte sogar. Es hatte nun ein menschliches Herz empfangen, da es nicht mehr nach Eroberungen strebte. Das erste Tier kommt zur menschlichen Gesinnung (gezeigt als „menschliches Herz gegeben") und den, den es darstellt, kommt zur Erkenntnis und Lob Gottes. Das letzte Tier verfällt dem Gericht und den, den es darstellt, endet in Gotteslästerung und offene Feindschaft gegen Gott.

(7, 5) Der Bär stellt das zweite Königreich Medo-Persien dar. Dieses Reich wird in dem Standbild aus Daniel 2 durch die silberne Brust dargestellt. Das Ungleichgewicht in diesem Doppelreich wird durch den einseitig aufgerichteten Bären dargestellt. Die Perser waren das mächtigere der beiden Völker und übernahmen die Führerschaft in diesem Doppelreich.

Die drei Rippen in dem Maul des Bären stellen die Eroberungen dieses Reiches dar:
- Lydien (547 v. Chr.)
- Babylon (539 v. Chr.)
- Ägypten (525 v. Chr.)

Hinweis: „Fleisch fressen" steht für das Einnehmen anderer Länder.

(7, 6) Das persische Reich unter dem König Darius III. wurde in der Schlacht von Arbela 331 v. Chr. von Alexander dem Großen besiegt. Daraus folgt, dass der Panther für das griechische Reich steht. Die Schnelligkeit eines Panthers und die Symbolik der vier Flügel veranschaulichen treffend die Schnelligkeit, mit der Alexander der Große seine Eroberungen durchführte. Im Gegensatz zum babylonischen Reich, besitzt das griechische Reich vier Flügel. Bis heute gibt es in Bezug auf Schnelligkeit und Erfolg in der Geschichte nichts Vergleichbares.

Nach Alexanders Tod zerbrach sein Imperium in vier Teile, dargestellt durch die vier Köpfe des Panthers. Alexanders Generäle teilten das Reich in folgende Länder auf:

- Makedonien – Thrakien
- Syrien (das nord-westliche Kleinasien)
- Babylonien
- Ägypten.

(7, 7) Das griechische Reich wurde in der Schlacht von Pydna 168 v. Chr. durch das römische Reich abgelöst. Das vierte Tier auf Erden, für welches es kein Tier als Symbol in der Natur gab, stellt also das „eiserne Rom“ dar, das seine Opfer zerriss, zerstörte und verschlang. Auch die Beschreibung dieses Tieres ähnelt sehr der Beschreibung der Beine des Standbildes in Daniel 2, 40.

Die Archäologie bietet ein anschauliches Beispiel für den rücksichtslosen Zerstörungsdrang Roms. Aber trotz seiner Stärke sollte Rom nicht für immer in dieser Form bestehen bleiben.

Um 500 n. Chr. zerbrach das römische Reich unter dem Ansturm der Germanen in verschiedene Nationen:

-	Alemannen	-	Franken
-	Angelsachsen	-	Lambarden
-	Sueven	-	Burgunder
-	Heruler	-	Vandalen
-	Ostgoten	-	Westgoten

Der Zerfall des weströmischen Reichs war eine Vermischung von germanischem Ton mit römischem Eisen. Im Gegensatz zu Daniel 2, wo einem weltlichen Herrscher die politische Entwicklung gezeigt wurde, wird hier einem Propheten das Schicksal des Volkes Gottes gezeigt. Deshalb werden die weltlichen Reiche nur kurz erwähnt, während der jetzt aufkommenden religiösen Macht besondere Aufmerksamkeit geschenkt wird.

Hinweis: Man kann sicherlich versuchen, genau 10 Nationen zu finden, die aus dem römischen Reich hervor gingen oder auch die Zahl 10 einfach als Zahl der Gesamtheit ansehen. Dafür würde sprechen, dass in Offenbarung 17, 12 die 10 Hörner für ein weltweites Bündnis steht. Wenn man die Zahl 10 als Ganzheit ansieht, dann lässt sich auch sagen, dass das gesamte römische Westreich infolge der Völkerwanderung in verschiedene Nationen zerbrach.

(7, 8) 476 n. Chr. zwang der Herulerkönig Odoaker den letzten weströmischen Kaiser Augustulus zur Abdankung. Das Ende des weströmischen Reichs war damit besiegelt und die zehn Hörner hatten ihre Macht erhalten. Nun sollte aus diesen zehn Hörnern ein kleines Horn hervorbrechen und drei dieser Hörner ausreißen.

Als Kaiser Konstantin seinen Regierungssitz an den Bosporus verlegte, sahen die Menschen in dem Bischof von Rom von nun an ihren Vormund. Die weltliche Macht des Bischofs von Rom nahm Jahr für Jahr zu. Auch war Rom schon im 1. Jhdt die größte, reichste und schönste Stadt, weil sie der Sitz des Kaiserreichs war.

Weil es den Bischöfen gefallen hat, den Bischof von Rom mit königlicher Würde bekleidet zu sehen, wurde er zum König der Bischöfe. Er wurde zum Papst.
Im Jahr 325 n. Chr. wurde unter Vorsitz von Kaiser Konstantin ein Konzil zu Nicäa abgehalten, um die arianische Frage zu klären. Auf diesem Konzil wurde zu Gunsten der Kirche entschieden, was den arianischen Gedanken aber nicht wirklich aus der Welt schaffte. So wurden die Arianer zu Feinden der römischen Kirche.

Theodorich König der Ostgoten bat den damaligen Kaiser in Konstantinopel Zeno, in ein fruchtbareres Land ziehen zu dürfen. Da Kaiser Zeno mit dem Papst befreundet war, wurde es ihm erlaubt, gegen die Heruler unter Odoaker zu ziehen. So besiegten die Ostgoten innerhalb von drei Jahren die Heruler, welche Arianer waren.

In Afrika verfolgten und unterdrückten die Vandalen die römische Kirche. Als die Vandalen 531 n. Chr. ihren König Hilderich absetzten, schickte Justinian seinen Feldherrn Belisar mit 16.000 Mann gegen die Vandalen in die Schlacht. Drei Monate später war das Land erobert. Um das Jahr 538 n. Chr. wurden ebenfalls durch Belisar die Ostgoten in Rom gezwungen, die Belagerung aufzugeben. Nun war Rom von den Arianern gesäubert und das päpstliche Rom konnte seinen Siegeszug beginnen.

„Hildebrand hat zuerst vor 170 Jahren unter den Schein der Religion die Fundamente des antichristlichen Weltreiches gelegt. ... Jene babylonischen Priester wünschen allein alles zu regieren. Gleichheit können sie nicht ertragen, auch nicht ablassen, bis sie alles unter ihre Füße zertreten haben, im Tempel Gottes sitzen und über allen Gottesdienst erhoben werden. ... Nachdem durch Vergrößerung des Reiches die höchste Staatsleitung auf mehrere verteilt, zerstückelt, nein ich möchte sagen zerrissen ist, empfinden wir, durch bürgerliche Streitigkeiten beherrscht, keine Ruhe vor unheilvollen Kriegen. Kaiser ist nur ein leerer Name und Schatten. Zehen Könige bestehen nun gleichzeitig, die den Erdkreis, gewissermaßen das Römische Reich, nicht zum regieren, sondern zum vernichten geteilt haben. Zehn Hörner, was dem Augustin noch unmöglich schien ... besitzen die römischen Provinzen und haben die römischen Einwohner in diesen ausgetilgt. Ein kleines Horn ist unter ihnen aufgewachsen ... drei Reiche ordnete es sich unter, nötigte sie zu dienen, das Volk Christi und die heiligen Gottes quälte es durch unerträgliche Herrschaft,

mengt Göttliches mit Menschlichem, hat Abscheuliches, Fluchwürdiges vor. Wie könnte diese Weissagung offenbarer sein?" sagte Erzbischof Eberhard von Salzburg (1241) zur Verteidigung des Keisers Friedrich vor den Bischöfen zu Regensburg. (L.R.Conradi)

D'Aubigne (Geschichte der Reformation) : *„Was die Waffen der römischen Republik und des Keiserreiches nicht vollbringen konnten, gelang der Macht de Kirche. Die Deutschen legten vor einem Bischoff die Tribute nieder, die ihre Ahnen den mächtigen Feldherren verweigert hatten. ... Alle Stämme, Zungen und Völker der Christenheit unterlagen der Herrschaft des geistlichen Königs, der die Macht des Sieges errungen hatte."*

Zuvor waren alle Herrscher weltliche Könige. Nach der Zerteilung Roms brach eine eigenartige Weltmacht unter den zehn Reichen hervor. Etwas ganz anderes, ein „Papst-König", ein „Keiserpapst". Ein geistlicher König, der von einem weltlichen Kirchenstaat aus die Christenheit Jahrhundertelang beherrscht. Der Papst zu Rom !

Das ewige Reich

9 Solches sah ich, bis daß Stühle gesetzt wurden; und der Alte setzte sich. Des Kleid war schneeweiß, und das Haar auf seinem Haupt wie reine Wolle; sein Stuhl war eitel Feuerflammen, und dessen Räder brannten mit Feuer. 10 Und von ihm her ging ein langer feuriger Strahl. Tausend mal tausend dienten ihm, und zehntausend mal zehntausend standen vor ihm. Das Gericht ward gehalten, und die Bücher wurden aufgetan.
11 Ich sah zu um der großen Reden willen, so das Horn redete; ich sah zu bis das Tier getötet ward und sein Leib umkam und ins Feuer geworfen ward 12 und der anderen Tiere Gewalt auch aus war; denn es war ihnen Zeit und Stunde bestimmt, wie lange ein jegliches währen sollte.
13 Ich sah in diesem Gesicht des Nachts, und siehe, es kam einer in des Himmels Wolken wie eines Menschen Sohn bis zu dem Alten und ward vor ihn gebracht. 14 Der gab ihm Gewalt, Ehre und Reich, daß ihm alle Völker, Leute und Zungen dienen sollten. Seine Gewalt ist ewig, die nicht vergeht, und sein Königreich hat kein Ende. 15 Ich, Daniel, entsetzte mich davor, und solches Gesicht erschreckte mich.

(7, 9) Hier wechselt nun die Vision zu einer Genrichtszene, die im Himmel stattfindet. Einer der Uralt war, setzte sich. Dies ist sicherlich eine symbolische Beschreibung für Gott Vater.

(7, 13) Diese Schau ist dieselbe wie in Offb. 5, 6-10. Dort endet die Darbietung des Lobes der «Könige und Priester» mit den Worten „und wir werden regieren auf Erden". In Offenbarung 6 beginnt das «Schrecken» von Ps. 2, 5, das der Einsetzung des Königs zu Zion vorausgehen wird (Ps. 2, 6; Offb. 20, 4). Die Vision (Danel 7, 9-14) kehrt die Reihenfolge der Ereignisse, wie sie wirklich geschehen werden um. Vers 13 beschreibt den Vorgang im Himmel (Offb. 5, 6-10), der in der Erfüllung den Ereignissen vorausgehen wird, die Daniel in der Vision (Kapitel 9-12) schaut.

Die Reihenfolge der Erfüllung wird sein:

- die Übertragung des Königreiches auf den Sohn des Menschen (Dan. 7, 13. 14: Offb. 5, 6-10)
- das «Schrecken» von Ps. 2, 5, das in Mt. 24, 21-22; Offb. 6-18 ausführlich beschrieben wird das Wiederkommen des Sohnes des Menschen in Herrlichkeit, um den vernichtenden Schlag von Daniel 2, 45 auszuführen (Dan. 7, 9-11; Offb. 19, 11-21)
- Gottes Gericht über jede einzelne Person unter den Nationen und die Aufrichtung des Königreiches (Dan. 7, 10. 26-27; Mt. 25, 31-46" Offb. 20, 1-6).

16 Und ich ging zu der einem, die dastanden, und bat ihn, daß er mir von dem allem gewissen Bericht
gäbe. Und er redete mit mir und zeigte mir, was es bedeutete. 17 Diese vier großen Tiere sind vier
Reiche, so auf Erden kommen werden. 18 Aber die Heiligen des Höchsten werden das Reich
einnehmen und werden's immer und ewiglich besitzen.
19 Darnach hätte ich gern gewußt gewissen Bericht von dem vierten Tier, welches gar anders war
denn die anderen alle, sehr greulich, das eiserne Zähne und eherne Klauen hatte, das um sich fraß und
zermalmte und das übrige mit seinen Füßen zertrat; 20 und von den zehn Hörnern auf seinem Haupt
und von dem andern, das hervorbrach, vor welchem drei abfielen; und das Horn hatte Augen und ein
Maul, das große Dinge redete, und war größer, denn die neben ihm waren. 21 Und ich sah das Horn
streiten wider die Heiligen, und es behielt den Sieg wider sie, 22 bis der Alte kam und Gericht hielt
für die Heiligen des Höchsten, und die Zeit kam, daß die Heiligen das Reich einnahmen.
23 Er sprach also: Das vierte Tier wird das vierte Reich auf Erden sein, welches wird gar anders sein
denn alle Reiche; es wird alle Lande fressen, zertreten und zermalmen. 24 Die Zehn Hörner bedeuten
zehn Könige, so aus dem Reich entstehen werden. Nach ihnen aber wird ein anderer aufkommen, der
wird gar anders sein denn die vorigen und wird drei Könige demütigen. 25 Er wird den Höchsten
Lästern und die Heiligen des Höchsten verstören und wird sich unterstehen, Zeit und Gesetz zu
ändern. Sie werden aber in sein Hand gegeben werden eine Zeit und zwei Zeiten und eine halbe Zeit.
26 Darnach wird das Gericht gehalten werden; da wird dann seine Gewalt weggenommen werden,
daß er zu Grund vertilgt und umgebracht werde. 27 Aber das Reich, Gewalt und Macht unter dem
ganzen Himmel wird dem heiligen Volk des Höchsten gegeben werden, des Reich ewig ist, und alle
Gewalt wird ihm dienen und gehorchen.

(7, 19) Die Verse 13-14 und Offb. 5, 1-7 beschreiben die Einsetzung des Sohnes des Menschen und des Sohnes Davids in die Autorität des Königs des Königreiches.

Die Eigenschaften des „Kleinen Horns":

- Es entsteht aus dem vierten Tier, dem römischen Reich
- Es vernichtet bei seiner Entstehung drei andere Königreiche, die Heruler, Vandalen und Ostgoten
- Es redet große Dinge, d.h. es beschließt Dinge, die entgegen dem Worte Gottes sind.
- Es ist mächtiger als die anderen Hörner, das päpstliche Rom hatte die alleinige Vormachtstellung in Europa.
- Im Mittelalter verfolgte es diejenigen, die an Jesus und der Bibel festhielten und sich dadurch dem päpstlichen Rom nicht unterordneten (Ketzerei, Inquisition, Kreuzzüge)
- Es wird solange gegen die Heiligen kämpfen, bis der kommt, der uralt war.

All diese Merkmale stehen, für das kleine Horn also das päpstliche Rom.

Hinweis: Die Kirchengeschichte belegt eindeutig, dass sich die römische Kirche jederzeit das Recht herausgenommen hat, gewaltsam gegen alle vorzugehen, die sich ihren theologischen Ansichten oder ihrer Autorität widersetzten.

(7, 20) Mit den großen Reden sind also Beschlüsse und Lästerungen gegen Gott gemeint, die dieses Horn erlassen hat.

Es sollen an dieser Stelle nur ein paar Dinge erwähnt werden, die das päpstliche Rom erlassen oder eingeführt hat, die absolut nicht mit der Bibel übereinstimmen:

Heiligung des Sonntags	-	Die Bibel gebietet uns, den Sabbat zu heiligen.
Unsterbliche Seele	-	Nach der Bibel ruhen alle Menschen, bis Jesus wiederkommt.
Unfehlbarkeit des Papstes	-	Nur einer ist unfehlbar, der Gott im Himmel.
Sündenvergebung durch Beichte	-	Nur einer kann die Sünden vergeben, nämlich Jesus!
Kindertaufe	-	Jesus wurde als Erwachsener getauft, dies war eine bewusste Entscheidung und ist ein Zeichen für die Engelswelt; Dieser Mensch gehört zu Gottes Sohn.
Heilgenverehrung	-	Ist nach dem 2. Gebot verboten (2.Mose 20,4.5).
Ablass	-	Wir werden nur durch Gnade errettet und nicht durch unsere eigenen Werke oder eventuelle Spenden (Römer 3,28).
Papst lässt sich „Heiliger Vater“ nennen	-	Nur einer darf sich Vater nennen, der Gott des Himmels (Matthäus 23,9).

(7, 22) Und wieder wird das Gericht erwähnt, aber diesmal mit dem Hinweis, dass es zur Rechtfertigung der Heiligen dient. Alle, die Jesus als ihren persönlichen Erlöser angenommen haben und ihm nachfolgen (Nachfolger Jesu), brauchen sich vor diesem Gericht nicht zu fürchten, denn es dient Ihnen zur Rechtfertigung. Weil alle Menschen gesündigt haben (Römer 3, 10) und somit die Gerechtigkeit „die vor Gott gilt“ verloren haben, muss Gott vor der Wiederkunft Jesu untersuchen, ob überhaupt ein Mensch errettet werden kann oder nicht.

Hinweis: Wenn die Bibel von Heiligen spricht, sind damit nicht irgendwelche Menschen gemeint, die gestorben sind und von der Kirche „heilig" gesprochen werden, sondern es sind damit Menschen gemeint, die an Jesus und die der Bibel glauben und auch danach handeln. Es sind Menschen, die von Gott geheiligt sind, weil sie ihr Leben Jesus übergeben haben und „sein Leben" leben. Im weiteren Verlauf werden diese Menschen nicht als Christen bezeichnet, sondern als Nachfolger Jesu, um eine klare Abgrenzung zum Allgemeinglauben (Christentum) zu geben.

(7, 24) An dieser Stelle gibt uns der Engel selbst die Bedeutung des vierten Tieres. Es wird das vierte Königreich auf Erden sein und es wird in zehn Reiche zerbrechen. Dieses Königreich stellt das heidnische Rom dar, das in Folge der Völkerwanderung in zehn Teilreiche zerbrach. Die drei Könige die gestürzt wurden, sind die Heruler, die Vandalen und die Ostgoten. Diese wurden aufgrund ihrer theologischen Auffassungen von der römische Kirche zerstört.

(7, 25) Vom kleinen Horn heißt es, dass es sich untersteht, Festzeiten und Gesetz zu ändern. In den Zehn Geboten (2.Mose 20) gibt es allerdings nur ein Gebot, in dem es um Zeit geht: Das Sabbatgebot. Dieses Gebot weist den siebenten Tag der Woche zum Gedenken an den Schöpfer als Ruhetag aus. Es ist der Tag, den Gott ausersehen hat, damit seine Geschöpfe ihn mit Gott verbringen und ihn anbeten. Genau dieses Gebot ist nachweislich vom päpstlichen Rom verändert worden. Da nach Daniel 2, 21 nur Gott Zeit und Stunde ändert, ist die Änderung von Zeit und Gesetz durch das kleine Horn ein Versuch, Gott zu stürzen.

Die Heiligen und die Änderung des Gesetzes werden in die Hand des kleinen Horns für insgesamt dreieinhalb Zeiten gegeben. Eine Zeit bedeutet 1 Jahr. Daraus ergeben sich insgesamt 3 1/2 Jahre. Im Alten Testament hatte ein Jahr 360 Tage. Daraus ergeben sich für die dreieinhalb Jahre insgesamt 3,5 * 360 Tage = 1260 Tage. Nach dem Jahr-Tag-Prinzip entsprechen diese 1260 Tage einem Zeitraum von 1260 Jahren. Es bedeutet also, dass das päpstliche Rom insgesamt 1260 Jahre lang das Volk Gottes verfolgen würde.

Wann beginnen dieser 1260 Jahre:

533 n. Chr. setzte Kaiser Justinian I. durch einen Erlass (Codex Justinianus) den Bischof von Rom, Johannes II. (533-535), als Oberhaupt über alle christliche Kirchen in seinem Reich ein. Der Erlass konnte allerdings nicht wirksam werden, solange die arianischen Ostgoten Rom besetzten. Um das Jahr 538 n. Chr. durchbrach Justinians Heer unter Belisar die Belagerung um Rom und vertrieb die Ostgoten. Dadurch wurde der römische Bischof, Vigilius (537-555), dank der Truppen des Kaisers in die Lage versetzt, sein Amt als Oberhaupt aller Christen nicht nur auf dem Papier, sondern in Wirklichkeit auszuüben.
Weil die militärische Befreiung des Papsttums um das Jahr 538 n. Chr. das zentrale Ereignis in der Reihe all dieser Geschehnisse war, erscheint es angemessen, den Beginn der „*einen Zeit und zwei Zeiten und einer halben*“ der päpstlichen Vorherrschaft auf dieses Jahr zu datieren.

Hinweis: Da es geschichtlich nicht ganz eindeutig zu bestimmen ist, ob nun die Ostgoten Rom im Jahre 537, 538 oder 539 n. Chr. verließen, macht es durchaus Sinn, den Beginn der dreieinhalb Zeiten auf die Zeit um 538 n. Chr. zu datieren. Das Ende dieser Zeitspanne von 3 1/2 Zeiten wäre demnach das Jahr 538 n. Chr. + 1260 Jahre = 1798 n. Chr.

Was geschah im Jahr1798:

Am 15. Februar 1798 setzte der französische General Berthier im Auftrag Napoleons Papst Pius VI. ab und brachte ihn nach Frankreich ins Exil, wo er im Juli 1799 verstarb. Dies war das Ende der päpstlichen Vorherrschaft über Europa und der Verfolgung des Volkes Gottes.

(7, 26) Zuerst wird das Gericht gehalten und dann erst wird dem päpstliche Rom die Macht genommen. Das Gericht findet nicht erst nach dem Ende dieser Welt statt oder bei der Wiederkunft Christi, sondern schon vorher !

28 Das war der Rede Ende. Aber ich, Daniel, ward sehr betrübt in meinen Gedanken, und meine Gestalt verfiel; doch behielt ich die Rede in meinem Herzen.

Daniel 8

Die Vision in diesem Kapitel unterscheidet sich von den anderen Prophezeiungen. Daniel träumte nicht, sondern hatte eine Tagvision, in der er in die Provinz Elam östlich von Babylon versetzt wurde. Darin wurde ihm zunächst unter dem Symbol eines Widders der Aufstieg Persiens gezeigt. Darauf folgte die Machtübernahme durch Griechenland. Das Symbol dafür ist ein aus entgegengesetzter Richtung heranstürmender Ziegenbock. Als nächstes sah er die vier Hörner und das „kleine Horn". Zuletzt, wie sich zwei „Heilige" über die 2300 Jahr-Tage unterhielten.
Nachdem Daniel die Vision in Daniel 8 erlebt hatte, wurde ein Engel zu ihm geschickt, der ihm alles erklärte. Allerdings erschien der Engel nicht während der Vision, Stattdessen erschien Gabriel persönlich, sichtbar und hörbar. Daniel war überwältigt von der göttlichen Majestät und den Geschehnissen der Vision. Die Darstellungsweise der Visionen wird immer direkter und persönlicher.

Daniels Vision vom Widder und Ziegenbock

1 Im dritten Jahr des Königreichs des Königs Belsazer erschien mir, Daniel, ein Gesicht nach dem, so
mir zuerst erschienen war. 2 Ich war aber in solchem Gesicht zu Schloß Susan im Lande Elam, am
Wasser Ulai. 3 Und ich hob meine Augen auf und sah, und siehe, ein Widder stand vor dem Wasser,
der hatte zwei hohe Hörner, doch eins höher denn das andere, und das höchste wuchs am letzten. 4
Ich sah, daß der Widder mit den Hörnern stieß gegen Abend, gegen Mitternacht und gegen Mittag;
und kein Tier konnte vor ihm bestehen noch von seiner Hand errettet werden, sondern er tat, was er
wollte, und ward groß.

(8, 1) Dieses Gesicht erhielt Daniel im dritten Jahr der Herrschaft Belsazars, welches um das Jahr 458/457 v. Chr. gewesen sein muss.

(8, 3) An dieser Stelle ist interessant, dass obwohl Daniel in Babylon lebte, diese Vision nicht wie in Daniel 2 und Daniel 7 mit dem Reich Babylon beginnt, sondern mit Medo-Persien.

Die Meder und Perser waren verwandte Völker, die die Hochebene des heutigen Iran besetzten. Die Meder im Norden und die Perser im Süden. Die Meder waren das mächtigere der beiden Völker. Die Königshäuser verbanden sich durch Heiratsdiplomatie miteinander. Unter dem Perserkönig Kyros wandte sich das Blatt. Er eroberte Medien und verleibte es seinem Königreich ein. Daher der Name Medo-Persien. Dieses Doppelreich wird durch den Widder versinnbildlicht, bei dem ein Horn höher als das andere ist. In Daniel 7, 5 wird dieses Reich durch den einseitig aufgerichteten Bären dargestellt.

(8, 4) Bei den Stößen, die der Widder austeilt, handelt es sich um Eroberungsfeldzüge. Die Kriege wurden im Norden, Westen und Süden geführt:

- Im Norden eroberten sie im Jahr 547 v.Chr. das Königreich Lydien
- Im Westen besiegten sie die Babylonier (539 v.Chr.)
- Im Süden besiegten sie die Ägypter im Jahr 525 v.Chr.

5 Und indem ich darauf merkte, siehe, da kommt ein Ziegenbock vom Abend her über die ganze
Erde, daß er die Erde nicht berührte; und der Bock hatte ein ansehnliches Horn zwischen seinen
Augen. 6 Und er kam bis zu dem Widder der zwei Hörner hatte, den ich stehen sah vor dem Wasser,
und er lief in seinem Zorn gewaltig auf ihn zu. 7 Und ich sah ihm zu, daß er hart an den Widder kam,
und er ergrimmte über ihn und stieß den Widder und zerbrach ihm seine zwei Hörner. Und der
Widder hatte keine Kraft, daß er vor ihm hätte können bestehen; sondern er warf ihn zu Boden und
zertrat ihn und niemand konnte den Widder von seiner Hand erretten.

(8, 5) Auch was den Ziegenbock anbelangt, gibt der Engel in Vers 21 eine eindeutige Erklärung: *„Der Ziegenbock aber ist der König von Griechenland. Das große Horn zwischen seinen Augen ist der erste König.“*
Der Ziegenbock stellt also das griechische Reich dar und das große Horn der erste König: Alexander der Große. Die Geschwindigkeit der griechischen Eroberungen wird durch das Bild des Ziegenbocks verdeutlicht, der vom Westen her, scheinbar ohne den Boden zu berühren, über die Erde stürmt. Die endgültige Niederlage der Perser geschah unter ihrem letzten König Darius III. im Jahre 301 v. Chr. bei der Schlacht von Ipsos.

(8, 6) Darius I. fiel im Jahre 490 v. Chr. und Xerxes im Jahre 480 v. Chr. in Griechenland ein. Beide wurden jedoch nach anfänglichen Erfolgen zurückgeschlagen und mussten den Rückzug antreten. So endeten die persischen Bemühungen, Griechenland zu besiegen ergebnislos.
Aber der griechische Ziegenbock vergaß nicht, wie sehr der persische Widder sein Land gedemütigt und welche Schäden er angerichtet hatte. So heißt es über das Aufeinander prallen dieser beiden Mächte, dass der Ziegenbock „in gewaltigem Zorn“ auf den Widder zu-lief. Griechenland wollte nur eins: Rache nehmen! Alexander der Große vernichtete mit nur 15.000 Mann in wenigen Jahren die Perser. Sein siegreiches Heer marschierte bis zum Indus im Nordwesten Indiens, bevor es zurückkehrte.

8 Und der Ziegenbock ward sehr groß. Und da er am stärksten geworden war, zerbrach das große
Horn, und wuchsen ihm an seiner Statt vier ansehnliche gegen die vier Winde des Himmels. 9 Und
aus einem wuchs ein kleines Horn; das ward sehr groß gegen Mittag, gegen Morgen und gegen das
werte Land. 10 Und es wuchs bis an des Himmels Heer und warf etliche davon und von den Sternen
zur Erde und zertrat sie. 11 Ja es wuchs bis an den Fürsten des Heeres und nahm von ihm weg das
tägliche Opfer und verwüstete die Wohnung seines Heiligtums. 12 Es ward ihm aber solche Macht
gegeben wider das tägliche Opfer um der Sünde willen, daß es die Wahrheit zu Boden schlüge und,
was es tat, ihm gelingen mußte.

(8, 8) Alexander der Große konnte die Früchte seiner Eroberungen nicht genießen. Er starb im Jahre 323 v. Chr. im Alter von nur 33 Jahren auf dem Rückweg von Indien nach Griechenland in Babylon. Alexander befand sich zu diesem Zeitpunkt auf dem Höhepunkt seiner Macht.
Alexanders Reich fiel an seine Generäle, die einander zwei Jahrzehnte lang erbittert bekämpften. Bis zum Jahr 301 v.Chr. gingen aus dem politischen Chaos nach Alexanders Tod vier Königreiche hervor:

- Makedonien	unter Kassander (Griechenland)
- Thrakien und das nord-westliche Kleinasien	unter Lysimachos
- Syrien und Babylonien	unter Seleukus
- Ägypten	unter Ptolemäus

Diese vier Reiche, welche die Diadochenreiche genannt werden, stellen in Daniel 7, 6 die vier Köpfe des Panthers dar.

(8, 9) An dieser Stelle tritt nun eine dritte Macht auf. Das kleine Horn ist eine politische Macht, dass aus einem der vier Himmelsrichtungen kommt. Es dehnt sich nach Süden, nach Osten und nach dem herrlichen Land hin aus. Hierbei handelt es sich um das römische Reich. Der prophetische Zeitablauf in Daniel 2 und Daniel 7 bestätigt dies, da in beiden Kapiteln das griechische Reich durch das römische Reich abgelöst wurde.

Das römische Reich dehnte sich nach Süden hin aus, indem es im Jahre 30 v. Chr. Ägypten zur römischen Provinz machte. 65 v. Chr. unterwarf Rom Syrien und dehnte sich somit nach Osten hin aus. 63 v. Chr. besetzten die Römer Palästina und wurden so „groß gegen das herrliche Land hin“.

Hinweis: Der Vollständigkeit halber soll hier nur kurz untersucht werden, warum die Merkmale des kleinen Horns auf Antiochus Epiphanes nicht zutreffen können. Antiochus Epiphanes war der elfte König des syrischen Reichs und bis zur Eroberung des Landes durch Rom kamen noch weitere syrische Könige an die Macht. Mit Ausnahme einiger Eroberungen in Ägypten, die er nur für kurze Dauer behielt, vergrößerte er sein Gebiet nicht. Er war also nur syrischer König und deshalb Teil eines der vier Hörner. Er wuchs auch nicht bis zum Fürsten des Heeres, welcher unzweifelhaft Jesus ist, da er bereits 164 v. Chr. verstarb. Auch der Vers 23 macht deutlich, dass das kleine Horn am Ende der Herrschaft der vier Hörner aufkommen würde, was ja ebenfalls für Antiochos Epiphanes nicht zutrifft.

(8, 10) Was bedeutet es nun, dass das kleine Horn bis zum Heer des Himmels wächst und dass es einige von dem Heer und von den Sternen zu Boden wirft und sie zertritt?

Das Volk Israel wird im Alten Testament das Heer des HERRN genannt. 2. Mose 12, 40.41: „.... *an eben diesem Tage zog das ganze Heer des HERRN aus Ägyptenland.*“ Somit ist das Heer des Himmels das Volk Gottes auf Erden. Nach Offenbarung 1, 16 stellen die Sterne in der Prophetie Engel oder Boten dar. Die Sterne des Heeres des Himmels müssen also Führer oder Leiter des Volkes Gottes sein, da das römische Reich sich nicht mit himmlischen Engeln messen konnte. Somit kann dies nur bedeuten, das das heidnische Rom das Volkes Gottes verfolgt.

Der Engel in Vers 23-25 bestätigt diese Auslegung: „*Aber gegen Ende ihrer Herrschaft, wenn die Frevler überhandnehmen, wird aufkommen ein frecher und verschlagener König. Der wird mächtig sein, doch nicht so mächtig wie sie. Er wird ungeheures Unheil anrichten, und es wird ihm gelingen, was er tut. Er wird die Starken vernichten. Und gegen das heilige Volk richtet sich sein Sinnen.*“

Hinweis: Offenbarung 12,3 stellt die Parallelstelle zu diesem Vers dar. Auch dort wird das römische Reich als eine Macht beschrieben, die den dritten Teil der Sterne auf die Erde wirft.

(8, 11) Bisher war das kleine Horn eine rein politische Macht. Die Veränderung findet statt, als es einmal "ES" und einmal "ER" genannt wird. Diese Veränderung erfüllte sich in der Geschichte, als auf das heidnische Rom das päpstliche Rom folgte. Den religiösen Charakter bekommt es, da es bis zum Fürsten des Heeres wächst.

Das Heer des Himmels, stellt das Volk Gottes auf Erden dar. Wer aber ist der Fürst dieses Heeres? Dazu folgendes aus dem Alten Testament. Josua begegnete dem Fürsten des Heeres und betete ihn an. Der Fürst des Heeres sagte aber zu Josua, dass er seine Schuhe ausziehen solle, den der Platz sei heilig (Josua 5,13-15). Genau die gleiche Redewendung wird in 2. Mose 3, 5, als Mose sich dem brennenden Dornbusch nahte beschrieben. Der Fürst des Heeres ist also Gott selbst, da nur er heilig ist und nur er angebetet werden darf (2. Mose 20, 4-5).
Aus Daniel 9, 25 geht hervor, dass der Fürst der Gesalbte ist und dass er ausgerottet werden soll. Aus Johannes 1, dass der Sohn Gottes Mensch wurde und für die Sünden der Menschheit am Kreuz starb. Wenn nun dies Aussagen zusammengefasst werden, so ist der Fürst des Heeres des HERRN ; Jesus, der Christus, der Gesalbte Gottes.

Das tägliche Opfer.

Zuerst muss gesagt werden, dass das Wort „Opfer“ im Grundtext der Bibel nicht enthalten ist, obwohl doch viele Bibelübersetzungen dieses Wort angeben. Das päpstliche Rom nimmt also Jesus das Tägliche weg und zerstört somit die Wohnung seines Heiligtums. In der Bibel werden zwei Heiligtümer erwähnt. Das erste Heiligtum war das irdische Heiligtum - die Stiftshütte Mose oder der spätere Tempel Salomos (2. Mose 25, 8). Da der Tempel aber bereits 70 n. Chr. durch die Römer zerstört wurde und zur Zeit des Papsttums schon lange nicht mehr existierte, so muss es sich bei dem hier erwähnten Heiligtum um das himmlische Heiligtum handeln, das in Hebräer 8, 1-2 erwähnt ist: *„Das ist nun die Hauptsache bei dem, wovon wir reden: Wir haben einen solchen Hohenpriester, der da sitzt zur Rechten des Thrones der Majestät im Himmel und ist ein Diener am Heiligtum und an der wahren Stiftshütte, die Gott aufgerichtet hat und nicht ein Mensch.*“

Das Tägliche.

Das hebräische Wort tamid wird mit „tägliches Opfer“ übersetzt. Dieses Wort wird im jüdischen Talmud immer für den tägliche Dienst im Heiligtum verwendet. Im alttestamentlichen Opferdienst musste der Priester jeden Morgen und jeden Abend ein fehlerloses Tier opfern. Diese Opfer dienten zur Sühnung der Sünden des Volkes Israel. Seit Jesus Auferstehung ist Er in das himmlische Heiligtum eingegangen. Er ist nun Mittler und Fürsprecher beim Vater und tritt für jeden einzelnen Nachfolger Jesu ein. (Hebräer 9, 12)
Jesu Dienst im himmlischen Heiligtum besteht seit seiner Auferstehung darin, sein Opfer am Kreuz für die Sünden der reumütigen geltend zu machen, so dass die Sünden vergeben sind. Wenn ich mit meinen Übertretungen (Sünden) zu Jesus kommen und ihn um Vergebung bitten, so vergibt er mir nach 1. Johannes 1, 9 und reinigt mich von aller Ungerechtigkeit. Jesus vergibt mir meine Schuld und verweist dabei auf sein Opfer, das er am Kreuz auf Golgatha für unsere Sünden erbracht hat.

Das tamid, das wörtlich übersetzt das „Beständige“ heißt, bezieht sich also auf den täglichen Opferdienst, das die Priester zu erbringen hatten und somit direkt auf den Versöhnungsdienst Jesu im Himmel. Weil der alttestamentliche Heiligtumsdienst nur ein Schatten des himmlischen war (Hebräer 8, 5). Es bezieht sich auf den himmlischen Erlösungsplan zur Errettung der Menschen.

Genau diesen Dienst hat das päpstliche Rom Jesus „weggenommen“. Die katholische Kirche lehrt, dass ihre Priester Sünden vergeben können. Zur Vergebung der Sünden wird Jesus nicht mehr benötigt, sondern der irdische Priester, der selbst ein Sünder ist, kann angeblich die Sünden vergeben. Dies stellt ein gezielter Angriff des kleinen Horns auf den Versöhnungsdienst Jesu im himmlischen Heiligtum dar. Durch die Lehre der Sündenvergebung wird Jesus das beständige Opfer weggenommen und sein Dienst im Heiligtum zerstört.

Ein weiterer Punkt, auf den sich das Tägliche bezieht, ist die katholische Messe. Bei dieser wird Jesus immer wieder erneut geopfert. Dabei lehrt die Kirche, dass der Priester die Macht hat, durch die Wandlung, der sogenannten Transsubstantiation, die Hostie in den wirklichen Leib Christi zu verwandeln. Durch das anschließende Brechen des Brotes wird quasi der Leib Christi erneut gebrochen und damit geopfert.

Man sollte sich einmal diese Lehre bildlich vorstellen. Ein Geschöpf Gottes (der Priester), soll die Macht haben, aus einer Hostie (Keks) den Schöpfe und damit Gott selbst machen, da ja Jesus der Schöpfer des Himmels und der Erde ist. Das Erlösungswerk der Menschen liegt also nicht in den Händen Gottes, sondern in den Händen sündiger Priester.

(8, 12) Die biblische Wahrheit von der Erlösung des Menschen durch Jesus Christus wurde durch das kleine Horn zu Boden geworfen. Nicht nur, dass Maria immer mehr die Funktionen Jesu als Mittler, Fürsprecher und Erlöser einnahm, sondern gerade die Lehre von der Sündenvergebung durch die Priester stellt einen direkten Angriff gegen Gott und seine Wahrheit dar.
Dass diesem Horn alles gelang, was es sich vorgenommen hatte, zeigt sich in der Geschichte. Millionen von Menschen mussten ihr Leben lassen, weil sie sich dem päpstlichen System nicht unterordnen wollten. Das päpstliche Rom hatte eine gewaltige Macht während des Mittelalters.

Hinweis: Das päpstliche Rom verlor zwar bei der französischen Revolution seine Macht, aber Offenbarung 13, 3 macht deutlich, dass diese Wunde wieder heilen wird. Aber letzten Endes wird diese Macht von Gott gerichtet werden, denn nach Vers 26 wird sie zerbrochen werden, ohne Zutun von Menschenhand.
13 Ich hörte aber einen Heiligen reden; und ein Heiliger sprach zu dem, der da redete: Wie lange soll doch währen solch Gesicht vom täglichen Opfer und von der Sünde, um welcher willen diese Verwüstung geschieht, daß beide, das Heiligtum und das Heer zertreten werden? 14 Und er antwortete mir: Bis zweitausend dreihundert Abende und Morgen um sind; dann wird das Heiligtum wieder geweiht werden.

(8, 14) Die Antwort auf Daniels Frage, wie lange dies Gesicht dauert, das bei den Medern und Persern begann, antworteten diese, dass 2300 Abende und Morgen vergehen werden. Nach dem Jahr-Tag-Prinzip ist diese Zeitspanne insgesamt 2300 Jahre lang. Am Ende dieser 2300 Abende und Morgen soll nun das Heiligtum wieder geweiht werden.

Was ist mit der Weihung des Heiligtum gemeint?

Das hebräische Wort, dass an dieser Stelle mit „geweiht“ übersetzt wurde, kommt in der Bibel leider nur ein einziges Mal vor. Vom Inhalt her bedeutet es aber so viel wie «gerecht sein», «Recht tun» oder «zum Recht kommen». Es ist interessant, dass bei der ältesten Übersetzung des Alten Testaments ins Griechische, der sogenannten Septuaginta, das Wort mit reinigen übersetzt wurde. Auch die Juden haben dieses Wort bei ihrer Übersetzung ins Griechische mit reinigen übersetzt.

Wer den Hebräerbrief im Neuen Testament studiert, kommt zur Erkenntnis, dass der alttestamentliche Heiligtumsdienst ein Abbild oder Schatten des himmlischen Heiligtumsdienst ist, der mit der Auferstehung Jesu und seiner Auffahrt in den Himmel begonnen hat. Bei diesem alttestamentlichen Heiligtumsdienst fand einmal im Jahr der große Versöhnungstag statt, an dem das irdische Heiligtum von den Sünden des Volkes Israel gereinigt wurde (3. Mose 23, 27-28). Dieser jährliche Versöhnungstag war das Gericht für das Volk Israel, denn an diesem Tag musste jeder fasten, da er sonst aus dem Volk ausgerottet wurde.

Aus Daniel 7, 26 ist zu entnehmen, dass zwischen dem Aufkommen des päpstlichen Roms und der Wiederkunft Jesu ein Gericht stattfinden wird. Die Weihung oder Reinigung des himmlischen Heiligtums hatte seinen Schattendienst beim großen Versöhnungstag. Dies bedeutet «das Gericht für das Volk Gottes». Das bedeutet, dass am Ende der 2300 Abende und Morgen das Gericht am Hause Gottes begonnen hat und sich im späteren Verlauf auf die Erde ausbreiten wird. Die Weihung des Heiligtums stellt also eindeutig den Beginn des Vorwiederkunftsgerichts im Himmel dar.

Hinweis: Nach der großen Enttäuschung im Jahre 1844, die in Offenbarung 10 beschrieben ist, wurde die Lehre vom himmlischen Heiligtumsdienst Jesu wieder entdeckt. Während des Mittelalters ist diese wichtige Lehre in Vergessenheit geraten. Doch wird sie in dieser Zeit wieder auf der ganzen Welt verkündet und somit dem Erlösungsplan Jesu zum Recht verholfen, welches ja die eigentliche Bedeutung von geweiht ist.

15 Und da ich, Daniel, solch Gesicht sah und hätte es gern verstanden, siehe, da stand's vor mir wie
ein Mann. 16 Und ich hörte mitten vom Ulai her einen mit Menschenstimme rufen und sprechen:
Gabriel, lege diesem das Gesicht aus, daß er's verstehe! 17 Und er trat nahe zu mir. Ich erschrak aber,
da er kam, und fiel auf mein Angesicht. Er aber sprach zu mir: Merke auf, du Menschenkind! denn
dies Gesicht gehört in die Zeit des Endes. 18 Und da er mit mir redete, sank ich in eine Ohnmacht zur
Erde auf mein Angesicht. Er aber rührte mich an und richtete mich auf, daß ich stand. 19 Und er
sprach: Siehe, ich will dir zeigen, wie es gehen wird zur Zeit des letzten Zorns; denn das Ende hat
seine bestimmte Zeit.

(8, 16) Der Mann, der eine Menschenstimme hatte, ist Jesus. Schon damals war dies ein Hinweis darauf, dass der Sohn Gottes Mensch werden würde (Joh. 1). Jesus Christus sagte nun dem Engel Gabriel, der auch in Daniel 9 erwähnt wird, dass er Daniel dies Gesicht auslegen solle. Dabei erhält Daniel den wichtigen Hinweis, dass dieses Gesicht, das in Medo-Persien beginnt, bis in die Zeit des Endes reichen würde. Die Weihung des Heiligtums ist der Abschluss dieses Gesichts ist und geht auf die Zeit des Endes.

(8, 19) Der Engel erwähnt hier die Zeit des Zorns. In Offenbarung 16, 1 wird die Ausgießung der sieben Schalen des Zorns Gottes beschrieben. In vielen Bibelstellen wir die Wiederkunft Jesu mit dem Tag des Zorns vergleichen (Jesaja 13, 9 ; Offb. 6, 17). Wenn nun dieses Gesicht auf die letzte Zeit des Zorns geht, so stellt das Ereignis der Weihung des Heiligtums das letzte große Ereignis vor der Wiederkunft Jesu dar.

20 Der Widder mit den zwei Hörnern, den du gesehen hast, sind die Könige in Medien und Persien. 21 Der Ziegenbock aber ist der König in Griechenland. Das Horn zwischen seinen Augen ist der erste König. 22 Daß aber vier an seiner Statt standen, da es zerbrochen war, bedeutet, daß vier Königreiche aus dem Volk entstehen werden, aber nicht so mächtig, wie er war. 23 In der letzten Zeit ihres Königreiches, wenn die Übertreter überhandnehmen, wird aufkommen ein frecher und tückischer König. 24 Der wird mächtig sein, doch nicht durch seine Kraft; er wird greulich verwüsten, und es wird ihm gelingen, daß er's ausrichte. Er wird die Starken samt dem heiligen Volk verstören. 25 Und durch seine Klugheit wird ihm der Betrug geraten, und er wird sich in seinem Herzen erheben, und mitten im Frieden wird er viele verderben und wird sich auflehnen wider den Fürsten allen Fürsten; aber er wird ohne Hand zerbrochen werden. 26 Dies Gesicht vom Abend und Morgen das dir gesagt ist, das ist wahr; aber du sollst das Gesicht heimlich halten, denn es ist noch eine lange Zeit dahin.

(8, 26) Erst Mitte des 19. Jhdt war die Bedeutung dieser Prophezeiung von den 2300 Abenden und Morgen verstanden worden, da die Prophezeiung von Gott bis auf die letzte Zeit versiegelt wurde. Zu dieser Zeit entdeckten Christen den Heiligtumsdienst erneut. Auch ist noch wichtig, dass Daniel das Gesicht nicht verstand und es ihm niemand auslegen konnte.

27 Und ich, Daniel, ward schwach und lag etliche Tage krank. Darnach stand ich auf und richtete aus des Königs Geschäft. Und verwunderte mich des Gesichts; und war niemand da, der mir's auslegte.

Daniel 9

Chronologisch betrachtet folgen die Ereignisse von Daniel 9 unmittelbar auf Daniel 5. Daniels Gebet und Gabriels Prophezeiung, von denen in diesem Kapitel die Rede ist, fallen in das erste Regierungsjahr von Darius dem Meder (538 v. Chr.) – also ins erste Jahr nach dem persischen Sieg über Babylon.

Daniel beginnt mit einem der längsten und selbstlosen Gebete, das die Bibel überliefert. Ihm geht es nicht um sein persönliches Wohl, sondern um das Wohl seines Volks. Er tritt bei Gott für den Rest aus Juda ein, der noch immer im babylonischen Exil lebt.

Während des Gebets bezieht sich Daniel auf Jeremia 25, 10-14. Dort heißt es, dass die Juden 70 Jahre lang im babylonischen Exil ausharren müssten. Daniel hatte erkannt, dass diese Zeit fast abgelaufen war.

Dreimal hatte der Babylonier Nebukadnezar Jerusalem belagert (605, 597 und von 589 bis 586 v. Chr.). Dabei verschleppte er jedes mal Kriegsgefangene und Geiseln nach Babylon. Daniel gehörte zu denen, die im Jahre 605 deportiert worden waren. Als Babylon durch die Perser eingenommen wurde, hatte Daniel schon beinahe 70 Jahre in Babylon zugebracht.

Daniels Bußgebet und das Geheimnis der siebzig Jahre

1 Im ersten Jahr des Darius, des Sohnes Ahasveros, aus der Meder Stamm, der über das Königreich
der Chaldäer König ward, 2 in diesem ersten Jahr seines Königreiches merkte ich, Daniel, in den
Büchern auf die Zahl der Jahre, davon der HERR geredet hatte zum Propheten Jeremia, daß
Jerusalem sollte siebzig Jahre wüst liegen. 3 Und ich kehrte mich zu Gott dem HERRN, zu beten und
zu flehen mit Fasten im Sack und in der Asche. 4 Ich betete aber zu dem HERRN, meinem Gott,
bekannte und sprach: Ach lieber HERR, du großer und schrecklicher Gott, der du Bund und Gnade
hältst denen, die dich lieben und deine Gebote halten: 5 wir haben gesündigt, unrecht getan, sind
gottlos gewesen und abtrünnig geworden; wir sind von deinen Geboten und Rechten gewichen. 6 Wir
gehorchten nicht deinen Knechten, den Propheten, die in deinem Namen unsern Königen, Fürsten,
Vätern und allem Volk im Lande predigten. 7 Du, HERR, bist gerecht, wir aber müssen uns schämen;
wie es denn jetzt geht denen von Juda und denen von Jerusalem und dem ganzen Israel, denen, die
nahe und fern sind in allen Landen, dahin du sie verstoßen hast um ihrer Missetat willen, die sie an
dir begangen haben. 8 Ja, HERR, wir, unsre Könige, unsre Fürsten und unsre Väter müssen uns
schämen, daß wir uns an dir versündigt haben. 9 Dein aber, HERR, unser Gott, ist die Barmherzigkeit
und Vergebung. Denn wir sind abtrünnig geworden 10 und gehorchten nicht der Stimme des
HERRN, unsers Gottes, daß wir gewandelt hätten in seinem Gesetz, welches er uns vorlegte durch
seine Knechte, die Propheten; 11 sondern das ganze Israel übertrat dein Gesetz, und sie wichen ab,
daß sie deiner Stimme nicht gehorchten. Darum trifft uns auch der Fluch und Schwur, der
geschrieben steht im Gesetz Moses, des Knechtes Gottes, weil wir an ihm gesündigt haben. 12 Und
er hat seine Worte gehalten, die er geredet hat wider uns und unsre Richter, die uns richten sollten,
daß er so großes Unglück über uns hat gehen lassen, daß desgleichen unter dem ganzen Himmel nicht
geschehen ist, wie über Jerusalem geschehen ist. 13 Gleichwie es geschrieben steht im Gesetz
Mose's, so ist all dies große Unglück über uns gegangen. So beteten wir auch nicht vor dem HERRN,
unserm Gott, daß wir uns von den Sünden bekehrten und auf deine Wahrheit achteten. 14 Darum ist
der HERR auch wach gewesen mit diesem Unglück und hat's über uns gehen lassen. Denn der
HERR, unser Gott, ist gerecht in allen seinen Werken, die er tut; denn wir gehorchten seiner Stimme
nicht.

(9, 1) Daniel datiert sein Gebet auf das erste Jahr des Darius und stellt dann die Identität dieses Herrschers, seine ethnische Abstammung und sein politisches Amt dar. Als Babylon durch die Meder und Perser erobert wurde, war es zu dramatischen Veränderungen gekommen. Daniel kannte die Prophezeiungen Jeremias (Jer. 25, 10-14) und wusste, dass die Gefangenschaft seines Volks 70 Jahre dauern sollte.

Dieser Abschnitt näherte sich dem Ende, denn er selbst lebte nun schon seit fast 70 Jahren in Babylon. Er war im Jahr 605 v. Chr. nach Babylon verschleppt worden. Inzwischen wurde das Jahr 538/537 v. Chr geschrieben.

(9, 4) Daniel ist davon überzeugt, dass Gott seinen Bund niemals bricht.

(9, 6) Nach dem kurzen Anbetungssteil kommt Daniel sofort zur Sache. Der Hauptgedanke, „Wir haben gesündigt.“, wird viele Male wiederholt. Daniel gesteht die Schuld Judas offen ein. Bei der Lektüre der Schriftrolle des Jeremia erkannte Daniel, dass es Ungehorsam war, der Juda und Jerusalem in die Katastrophe getrieben hatte.

(9, 7) Selbst wenn das Volk nicht gerecht ist, bleibt Gottes Gerechtigkeit bestehen. Auch wenn das Volk an seiner Ungerechtigkeit festhält, ändert er sich nicht. Hier zeigt Daniel, wozu die Ungerechtigkeit seines Volkes führte. Sie wurden verbannt und lebten zerstreut in den Ländern der alten Welt. Schlimmer noch, die heidnische Umwelt wusste, warum Gottes Volk zerstreut worden war. Die Israeliten und ihr Gott waren in der antiken Welt zum Inbegriff der Schande geworden.

(9, 8) Zu damaliger Zeit war das Eingebunden-sein des einzelnen in das Gefüge der Sippe, des Stamms oder Volks ein Hauptgedanke und sogleich die einzige Struktur des Lebens. Daniel lag viel daran, dass ihm und seinen Landsleuten alle Sünden vergeben würden. Die Schande der Vergangenheit sollte ausgelöscht und Gottes Gunst für sein Volk wiederhergestellt werden.

(9, 9) Er appelliert ausdrücklich an Gottes „Barmherzigkeit und Vergebung“ und gab unumwunden zu, dass weder er noch sein Volk oder seine Vorfahren Gnade verdient hätten. Trotz allem hoffte er auf Vergebung.

(9, 11) Hier fasst Daniel die vielerlei Verfehlungen in einem einzigen prägnanten Satz zusammen: „Ganz Israel übertrat dein Gesetz.“ (Ps. 14, 3; 53, 4; Röm 3, 10)

(9, 12) Ausdrücklich erkennt Daniel an, dass Gott auch bezüglich der „Heimsuchung“ seines Volks zu dem steht, was er im Falle des Ungehorsams angedroht hat (5. Mose. 26-33). Das Verhalten des Volkes hat Folgen, entweder Segen oder Fluch. Abkehr von Gott bleibt nicht ohne negative Folgen für den einzelnen oder für Gottes Volk. Das ist allgemeingültiges Gesetz und spezielles Gerichtshandeln Gottes zugleich.

15 Und nun, HERR, unser Gott, der du dein Volk aus Ägyptenland geführt hast mit starker Hand und hast dir einen Namen gemacht, wie er jetzt ist: wir haben ja gesündigt und sind leider gottlos gewesen. 16 Ach HERR, um aller deiner Gerechtigkeit willen wende ab deinen Zorn und Grimm von deiner Stadt Jerusalem und deinem heiligen Berge. Denn um unsrer Sünden willen und um unsrer Väter Missetat willen trägt Jerusalem und dein Volk Schmach bei allen, die um uns her sind. 17 Und nun, unser Gott, höre das Gebet deines Knechtes und sein Flehen, und siehe gnädig an dein Heiligtum, das verstört ist, um des HERRN willen. 18 Neige dein Ohr, mein Gott, und höre, tue deine Augen auf und sieh, wie wir verstört sind und die ganze Stadt, die nach deinem Namen genannt ist. Denn wir liegen vor dir mit unserm Gebet, nicht auf unsre Gerechtigkeit, sondern auf deine große Barmherzigkeit. 19 Ach HERR, höre, ach HERR, sei gnädig, ach HERR, merke auf und tue es, und verzieh nicht um deiner selbst willen, mein Gott! denn deine Stadt und dein Volk ist nach deinem Namen genannt.

(9, 16) Daniel erinnert den Herrn daran, was er zur Zeit der Urväter für sein Volk getan hat. Bundesschlüsse begannen in der damaligen Welt stets mit einer Einleitung. Darin wurde die Geschichte der bisherigen Beziehungen beider Bundespartner zueinander erzählt. Nun «erinnert» Daniel Gott ganz bewusst an diese Ereignisse. Er gibt zu, dass Gottes Barmherzigkeit in der Vergangenheit eigentlich dazu hätte führen müssen, dass Israel ihm aus Liebe gehorchte. Und er bekennt angesichts der unwandelbaren Liebe Gottes, wie undankbar und ungläubig sein Volk ist.

(9, 19) Dieser Bitte lag der Gedanke zugrunde, dass es Gott zur Ehre gereichen würde, wenn die Heidenvölker erkennen, dass Er sich seinem Volk wieder zuwendet, obwohl es dies nicht verdient hat. Daniel war davon überzeugt, dass die Heiden erkennen würden, wie großartig und gnädig der Gott Israels wirklich ist.

Die Art, wie Daniel sein Gebet beschließt, zeigt seine Aufrichtigkeit und sein Vertrauen.

Die siebzig Wochen

20 Als ich noch so redete und betete und meine und meines Volks Israel Sünde bekannte und lag mit meinem Gebet vor dem HERRN, meinem Gott, um den heiligen Berg meines Gottes, 21 eben da ich so redete in meinem Gebet, flog daher der Mann Gabriel, den ich zuvor gesehen hatte im Gesicht, und rührte mich an um die Zeit des Abendopfers. 22 Und er unterrichtete mich und redete mit mir und sprach: Daniel, jetzt bin ich ausgegangen, dich zu unterrichten. 23 Den da du anfingst zu beten, ging dieser Befehl aus, und ich komme darum, daß ich dir's anzeige; denn du bist lieb und wert. So merke nun darauf, daß du das Gesicht verstehest.

(9, 21) Als Daniel betete, erschien ihm der Engel Gabriel, den Daniel schon vorher im Gesicht über die 2300 Abende und Morgen gesehen hatte (Daniel 8, 15-17). Daniel verstand damals das Gesicht nicht. Jetzt aber kommt der Engel Gabriel, um ihm zum richtigen Verständnis des Gesichtes zu geben.

(9, 23) Gott reagierte auf Daniels Gebet unmittelbar und auf ungewöhnliche Weise. Die einführenden Worte des Engels geben den Grund seines Kommen bekannt. Der Engel sicherte dem Propheten zu, dass sein Gebet erhört worden ist. Die Juden sollten in die Heimat zurückkehren und dort den Tempel sowie die Stadt wieder aufbauen. Dazu bezeugt er noch : „Du bist von Gott geliebt."

24 Siebzig Wochen sind bestimmt über dein Volk und über die heilige Stadt, so wird dem Übertreten gewehrt und die Sünde abgetan und die Missetat versöhnt und die ewige Gerechtigkeit gebracht und die Gesichte und Weissagung versiegelt und ein Hochheiliges gesalbt werden. 25 So wisse nun und merke: von der Zeit an, da ausgeht der Befehl, daß Jerusalem soll wieder gebaut werden, bis auf den Gesalbten, den Fürsten, sind sieben Wochen; und zweiundsechzig Wochen, so werden die Gassen und Mauern wieder gebaut werden, wiewohl in kümmerlicher Zeit. 26 Und nach den zweiundsechzig Wochen wird der Gesalbte ausgerottet werden und nichts mehr sein. Und das Volk eines Fürsten wird kommen und die Stadt und das Heiligtum verstören, daß es ein Ende nehmen wird wie durch eine Flut; und bis zum Ende des Streits wird's wüst bleiben. 27 Er wird aber vielen den Bund stärken eine Woche lang. Und mitten in der Woche wird das Opfer und Speisopfer aufhören. Und bei den Flügeln werden stehen Greuel der Verwüstung, bis das Verderben, welches beschlossen ist, sich über die Verwüstung ergießen wird.

(9, 24) Ein etwas ungewöhnlicher Beginn einer Prophezeiung. Die Zusammenfassung bzw. das Ergebnis steht am Anfang. Dann werden die Einzelheiten beschrieben, die zu diesem Ergebnis führten bzw. die Zusammenfassung unterstützen.

Gemäß den heute üblichen wissenschaftlichen Methoden würde man zuerst alle Informationen oder Einzelheiten sammeln und sie dann zusammenfassen. Gabriel ging den umgekehrten Weg, denn die Menschen von damals schlossen von der Wirkung zurück auf die Ursache. Beispiele für ein solches Vorgehen finden sich sowohl im Buch Daniel, der Offenbarung Jesu Christi sowie in einigen anderen alttestamentlichen Schriften.

Im ersten Satz wird die prophetische Zeiteinheit angegeben und erläutert, auf wen sie sich bezieht (Volk). Der Gebrauch des Wortes „Wochen“ zeigt, dass es hier um eine symbolische Zeitangabe geht. Siebzig Wochen zu je sieben Tagen ergeben 490 Tage. Es muss hier das Jahr-Tag-Prinzip angewendet werden, denn in der Prophetie steht je ein Tag für ein wirkliches Menschen-Jahr. So umfasst diese Prophezeiung 490 Jahre.

Im Mittelpunkt steht „dein Volk und deine heilige Stadt“ d. h. Jerusalem und die Juden.

Das Verb in dem Satz „Siebzig Wochen sind verhängt über dein Volk“ wird gewöhnlich mit „sind bestimmt“ wiedergegeben. Wortgetreu übersetzt heißt es eigentlich „sind abgeschnitten“. Diese Bedeutung schlägt eine Brücke zu Daniel 8.

Sechs Ereignisse erscheinen als drei Paare. Das erste Ereignispaar richtet sich ausschließlich an die Juden und beschreibt, was sie innerhalb der 70 Wochen erreichen werden. Das zweite schildert, wofür Gott die Verantwortung trägt. Das letzte Ereignispaar weist auf die Ergebnisse hin.

Gottes Volk sollte „*das Verbrechen zum Abschluss zu bringen und den Sünden ein Ende zu machen*“. Das Hebräische kennt mehrere Begriffe für Sünde, die von ihrer Bedeutung her, weit gefächert sind. Das hier verwendete Wort für „Verbrechen“ bzw. „Frevel“ beschreibt Sünde als «Rebellion gegen Gott».

Der zweite Teilsatz („den Sünden ein Ende machen“) verwendet das geläufigste Wort für Sünde und bedeutet so viel wie «das Ziel oder den Maßstab, den Gott gesetzt hat, verfehlen». Gabriel übertrug den Juden die Verantwortung dafür, die Sünde zu beenden und eine gerechte Gesellschaft aufzubauen. Wie ihre Vorfahren in der Wüste, sollten sie ihr „Lager“ säubern, um annehmbare Voraussetzungen für das Kommen des Messias zu schaffen.

Gottes Aufgabe wird im zweiten Ereignispaar beschrieben. Er erklärte sich bereit, „die Schuld zu sühnen und eine ewige Gerechtigkeit einzuführen“. Sühne war ein zentraler Bestandteil des Opfersystems im israelitischen Heiligtum (3.Mose 4, 16). Aber die hier erwähnte Sühne geht weit über das hinaus. Der Hebräerbrief weist auf die Unzulänglichkeit des alttestamentlichen Opferkults hin. «Die erwirkte Sühne war nur vorübergehend». Wer sündigte, musste dafür ein Opfer bringen. Sündigte er erneut, musste er wieder opfern. Das führte zu einem schier endlosen Kreislauf: sündigen – opfern – sündigen – opfern … . Daniel 9, 24 spricht dagegen von einer endgültigen Sühne. Die wurde für uns geleistet, als Jesus Christus am Kreuz starb. Nachdem dieses allumfassende Opfer einmal für alle Menschen dargebracht war, sind keine weiteren Opfer nötig. Der Kreislauf des alten Opfersystems ist beendet. Christi stellvertretendes Opfer bildet den Übergang von einer vorübergehenden, vergänglichen zu einer dauerhaften, ewigen Gerechtigkeit. Die Gerechtigkeit, die durch den Tod Jesu bewirkt wurde, gilt auch heute noch, wird weiter gelten und einmünden in die Ewigkeit.

Das letzte Ereignispaar schildert, was die zuvor genannten vier Ereignisse bewirken werden. Zuerst sollten Gesicht und Propheten versiegelt werden. Was Luther hier mit „Weissagung“ übersetzt, ist eigentlich das Wort für «Prophet». Gemeint ist, dass eine Zeit kommen würde, da sowohl Gesichte als auch Propheten versiegelt werden sollten.

Die Prophezeiung steht inmitten der Vorhersagen über die jüdische Geschichte. Sie sollte sich auf dramatische Weise mit der Steinigung des Stephanus erfüllen. Mehrere Charakteristika zeigen, dass dieses Martyrium in geistlicher Hinsicht bedeutsam war. Zuerst fallen die Umstände auf, unter denen Stephanus seine Rede hält. Er verteidigt sich vor dem hohen Rat der höchsten geistlichen Körperschaft des Volkes, in dem die religiösen Repräsentanten Israels saßen. Obendrein ist die Art seiner Rede ungewöhnlich. Stephanus beschwört in einem historischen Prolog einen Großteil der jüdischen Geschichte. Dabei nennt er die Namen der Erzväter Abraham, Isaak und Jakob, um dann auf Mose und den Auszug Israels aus Ägypten zu sprechen zu kommen. Er berichtet wie Israels in der ganzen Zeit mit Misstrauen, Ungehorsam und Unzufriedenheit gegenüber Gott aufgetreten ist.
Sein Bericht geht weiter zu Josua, der Israel ins verheißene Land geführt hatte, und die großen jüdischen Könige David und Salomo. So kommt Stephanus schließlich auf den Tempel zu sprechen.(Apg 7, 51) An dieser Stelle bricht er seine Rede ab und wendet sich der Gegenwart zu. Dabei wirft er den religiösen Führern des Volks vor, sie hätten, wie ihre Vorfahren, allezeit die Botschaften der Propheten in den Wind geschlagen und dem Heiligen Geist widerstrebt.

Und nun seien sie auch noch Schuld daran, dass der Gerechte, der Messias, gekreuzigt wurde. Die geistliche Elite Jerusalems wollte das nicht wahrhaben. Sie lehnte seine Botschaft ab und entledigte sich des unbequemen Mahners, indem sie ihn steinigten. Damit war die letzte prophetische Stimme, durch die Gott an Israel als sein auserwähltes Volk gewandt hatte verstummt.

In der zweiten Hälfte des letzten Ereignisses geht es darum, dass „das Allerheiligste gesalbt werden" wird. Der Begriff „Allerheiligstes" kommt nur im Zusammenhang mit dem Heiligtum vor. Welches Heiligtum sollte gesalbt werden?

Die Stiftshütte, die während der Wüstenwanderung als Heiligtum diente, wurde seit Salomo's Tempel nicht mehr benutzt. Salomo's Tempel lag zu Daniels Zeiten in Schutt und Asche. Auch der zweite Tempel, der nach der Rückkehr der Israeliten aus Babylon errichtet wurde, konnte nicht gemeint sein, da in dieser Prophezeiung vorausgesagt wird, dass auch dieser zweite Tempel zerstört wird. Angesichts dieser Fakten bleibt nur ein Heiligtum übrig, das in der Bibel ebenfalls erwähnt wird: «Das himmlische Heiligtum».

Zur Tempelweihe gehörte das Salben des Heiligtums. Das war ein wichtiger Bestandteil der Eröffnungszeremonie. In 2.Mose 40 wird geschildert, wie die Stiftshütte mit ihrer gesamten Einrichtung bei der Einweihung mit Öl gesalbt wurde. Ähnlich wie beim irdischen wurde auch das himmlische Heiligtum gesalbt, als Christus dort feierlich als unser Hohepriester eingesetzt wurde. Das irdische Zeichen dieser himmlischen Salbung war die Ausgießung des Heiligen Geistes zu Pfingsten.

Durch das letzte dieser sechs Ereignisse berühren sich die irdische und die himmlische Welt. Nirgendwo sonst in Daniel 9 kommt es zu solch einer Berührung, denn der Rest der Prophezeiung bezieht sich ausschließlich auf irdische Geschehnisse. Doch an dieser Stelle zeigt der biblische Text, wie nahe sich Himmel und Erde sind, selbst wenn unsere Augen davon nichts sehen.

(9, 25) Die siebzig Wochen beginnen mit dem Erlass zum Wiederaufbau der Stadt Jerusalem. Hier wird ausdrücklich vom Aufbau Jerusalems gesprochen. In den Büchern Esra und Nehemia finden sich gleich vier verschiedene Dekrete, die alle mit dem Wiederaufbau Jerusalems zu tun haben.

Am Anfang des Buches Esra wird ein Erlass des Kyros erwähnt (Esra 1, 24). Er erging im Jahre 538 v. Chr. und erlaubte den Juden, nach Judäa zurückzukehren. Zugleich gestattete dieses Dekret den Wiederaufbau des Tempels und schloss das Recht ein, dafür offiziell finanzielle Mittel zu sammeln.
Dem Dekret des Kyros folgend, errichteten die heimgekehrten Juden auf dem ehemaligen Tempelplatz einen Altar, damit der Versöhnungsdienst wieder aufgenommen werden konnte. Aber wegen der Intrigen und des Widerstands der Samaritaner blieb es fast zwei Jahrzehnte lang dabei. Erst im Jahre 520 v. Chr., als Darius I. eine zweite Verordnung zum Wiederaufbau des Tempels erließ, wurden die Arbeiten wieder aufgenommen (Esra 6, 1-12). Vier Jahre später war das Heiligtum fertiggestellt und wurde geweiht (Esra 6, 15-18).

Aber auch dieser Erlass bezog sich nicht auf die Stadt Jerusalem, sondern nur auf den Tempel. Auch diese Verordnung schwieg in Bezug auf den Aufbau der völlig zerstörten Stadt Jerusalem. Artaxerxes I. stattete den Schriftgelehrten Esra mit umfassenden Vollmachten aus (Esra 7, 12-16). Esra durfte Verwaltungsbeamte einsetzen, staatliche Gelder für sein Projekt verwenden und sogar Nichtjuden Gottes Gesetz lehren. In der Verordnung ist nicht direkt vom Wiederaufbau Jerusalems die Rede, aber Esra bedient sich ihrer. Unmittelbar nach seinem Eintreffen in Jerusalem, im Sommer des Jahres 457, rüttelte er seine entmutigten Landsleute auf und begann mit dem Wiederaufbau der Stadt.

Der Erlass des Kyros zum Bau des Tempels musste durch eine Verordnung Darius‘ I. ergänzt werden, ehe die Arbeiten zu Ende geführt werden konnten. Beim Bau der Mauern und der Stadt war es ähnlich. Nehemia führte mit Billigung von Artaxerxes I. den Wiederaufbau weiter, der anderthalb Jahrzehnte zuvor auf Anweisung desselben Herrschers durch Esra begonnen worden war.

Der eigentliche Erlass, der den Wiederaufbau der Stadt Jerusalem gestattete, stammt somit von Artaxerxes I. (Esra 7, 12-16). Nehemias schriftliche Vollmacht ergänzte lediglich diesen Befehl an Esra, durch den der Wiederaufbau genehmigt worden war. Der Zeitpunkt des Befehls steht in Esra 7, 8. König Xerxes starb im Jahre 465 v. Chr. Im selben Jahr bestieg Artaxerxes I. den Thron. Das siebte Regierungsjahr Artaxerxes‘ I. war vom Frühjahr 458 bis zum Frühjahr 457. Nach jüdischen Kalender hatte Esra sich im Frühling des Jahres 457 von Babylon aus auf den Weg gemacht. So ist das Jahr 457 v. Chr. das Jahr des Erlasses Artaxerxes‘ I und gibt somit den Beginn der 70 Wochen an.

Hinweis: Dieses Beispiel bestätigt sehr genau, dass in der Prophetie, das Jahr-Tag-Prinzip angewendet werden muss, da eine Stadt niemals in 7 Wochen aufgebaut werden kann.

Der Wiederaufbau Jerusalems fand in einer schwierigen und kummervoller Zeit, wie aus den Büchern Esra und Nehemia deutlich wird, statt. Als Esra zurückkehrte, begann er mit den notwendigen Arbeiten. Schon bald griffen die Statthalter der westlichen persischen Provinzen ein und brachten alle Bemühungen zum Erliegen (Esra 4, 7-12). Als Nehemia den Wiederaufbau erneut in Angriff nahm, wollten ihn seine Widersacher umbringen. Er leistete entschlossenen Widerstand und weigerte sich, die Arbeiten an der Stadt ruhen zu lassen (Neh 4). So wurde Jerusalem tatsächlich in beschwerlichen Zeiten wiederaufgebaut. Die erste Phase des Wiederaufbaus im Jahre 408 v. Chr. wurde nach Ablauf der ersten sieben Wochen (49 Jahre) beendet.

Die ersten 69 Wochen und die Salbung des Messias

Gabriel unterteilt die siebzig Wochen der Prophezeiung in mehrere Abschnitte. Der erste Zeitraum umfasst 69 Wochen (7 + 62 Wochen), nach deren Ablauf der Messias, „der Gesalbte", kommen soll. Das Wort „Messias" ist vom Verb „salben" abgeleitet. Wörtlich genommen bedeutet Messias „Gesalbter".
69 Wochen entsprechen nach dem Jahr-Tag-Prinzip 483 prophetischen Tagen bzw. tatsächlichen Jahren. Wenn das Jahr 457 v. Chr. als Ausgangspunkt der 70 Wochen angenommen wird, reicht diese Zeitspanne bis ins Jahr 27 n. Chr. Am Ende dieser Zeit sollte „ein Gesalbter, ein Fürst" kommen.
Als Johannes Jesus im Jordan taufte, wurde er mit dem Heiligen Geist gesalbt. Gott selbst bestätigte diese Salbung mit den Worten: „*Dies ist mein lieber Sohn, an dem ich Wohlgefallen habe.*" Danach begann er ordnungsgemäß sein öffentliches Wirken.

Johannes der Täufer begann seinen Dienst im 15. Jahr des Kaisers Tiberius (Lk 3, 1). Augustus, der Adoptivvater des Tiberius, starb im Jahr 14 n. Chr. Zwei Jahre bevor Augustus starb, wählte der römische Senat Tiberius zum Mitregenten über die Provinzen und stellte ihn Augustus zur Seite. Judäa gehörte zu den Provinzen, die seit dem Jahr 12 n. Chr. unter der gemeinsamen Herrschaft von Tiberius und Augustus standen. Wenn zum Jahr 12 n. Chr. die 15 Jahre der Herrschaft des Tiberius hinzugefügt wird, ist die Amtseinführung (Salbung) des Messias im Jahr 27 n. Chr.

Hinweis: Das Jahr «0» wurde in der Zeitrechnung nicht berücksichtigt!

Das Ende der siebzigsten Woche

70 prophetische Wochen entsprechen 490 symbolischen Tagen oder wirklichen Jahren. Wenn die 490 Jahre 457 v. Chr. begonnen haben, müssen sie im Jahre 34 n. Chr. enden.

Der Tod des Stephanus (Apg 7, 57-60) wird als Endpunkt der 70'ten Woche angesehen. Dieses Datum kann man vom Lebensweg des Apostels Paulus ableiten. Beim Tod des Stephanus gehörte der junge Pharisäer Saulus zu den erklärten Gegnern der Gemeinde Jesu. Indirekt war er sogar an der Steinigung des Stephanus beteiligt, denn er bewachte die Gewänder derer, die ihn zu Tode steinigten (Apg 7, 58). Wenig später reiste Saulus nach Damaskus, um die dort entstandene Gemeinde zu vernichten. Dazu kam es allerdings nicht, weil Jesus ihm auf dem Weg dorthin begegnete. Saulus bekehrte sich und nannte sich hinfort Paulus (Apg 9, 1-9). In Galater 1 blickt Paulus auf sein Leben als Apostel zurück und nennt verschiedene Stationen seines Lebenswegs. Dabei geht er besonders auf seine Besuche in Jerusalem ein. Nach seiner Bekehrung war er nur selten und nur kurz in Jerusalem gewesen. Ziemlich genau drei Jahre nach seiner Bekehrung kam er zum ersten Mal wieder in die Stadt zurück (Gal.1, 18) . Den zweiten Besuch machte er ganze 14 Jahre später (Gal. 2, 1) . Kurz danach begann Paulus seine zweite Missionsreise, die ihn nach Korinth führte (Apg. 18).

Während dieses Aufenthalts wurde er vor den Prokonsul Gallio gebracht (Apg. 18, 12). Demnach hätte Paulus siebzehn Jahre nach seiner Bekehrung vor Gallio gestanden. Aus einer Inschrift, die in Korinth gefunden wurde, geht hervor, dass Gallio nur ein Jahr lang Prokonsul war, im Jahr 51. Zieht man von dieser Jahreszahl 17 Jahre ab, zeigt sich, dass Paulus im Jahr 34 seine Bekehrung erlebt hat. Auf den Monat oder Tag genau lässt sich der Tod des Stephanus nicht bestimmen, aber das Jahr 34 scheint ein gesicherter Termin zu sein.

Daniels 70 Wochen endeten im Jahre 34 mit der Steinigung des Stephanus und der Bekehrung des Paulus. Dieses Ereignis ist in vierfacher Hinsicht wichtig, da sich Stephanus in seiner letzten Rede an den hohen Rat, das höchste religiöse Organ der Juden wandte. Die Form seiner Rede war eine sogenannten „Bundesprozessrede", wie sie auch von alttestamentlichen Propheten bekannt ist. Kurz vor dem Tod, sah er in einer Vision den Himmel offen. Nach der Bekehrung des Saulus, nun sich selbst Paulus nennend, wurde er in Schrift und Wort der führende Heidenapostel. Aus diesen Gründen kann der Tod des Stephanus am Ende der siebzig Wochen als wichtiger Übergang zwischen zwei Epochen angesehen werden. Das Zeitalter Israels als erwähltes Volk Gottes war zu Ende; nun begann die Ära der Gemeinde.

(9, 26) Nach den ersten sieben Wochen (49 Jahre) des Wiederaufbaus Jerusalems folgen die 62 Wochen und bilden somit den zweiten prophetischen Zeitabschnitt innerhalb der 70 Jahrwochen. Daher fallen sie mit dem Ende der 69 Woche zusammen.

Bald nach dem Ende der 69'ten Woche, also nicht auf den Punkt genau zum Ende der 62 Wochen soll der Gesalbte ausgerottet werden, sondern kurz danach. Die spezielle Verwendung des hebräischen Wortes für „nach" unterstreicht dies. Wann in der 70'ten Woche der Gesalbte ausgerottet wird, wird erst in Vers 27 näher bezeichnet.

Die 69 Woche endete im Jahr 27, als der Messias öffentlich auftrat und damit seinen messianischen Dienst begann. Kurze Zeit später sollte er „ausgerottet" werden. Das hebräische Verb für «ausgerottet werden» bedeutet hier «getötet werden». «Ausgerottet werden» meint, aus dem Land der Lebenden entfernt zu werden, also zu sterben. Das Verb steht hier im Passiv, was hervorhebt, dass der Gesalbte nicht aus eigenem Entschluss stirbt, sondern ihm wird das Leben genommen. Dieses prophetische Detail wurde erfüllt, als sich damals die religiösen Führer Judäas mit der römischen Besatzungsmacht zusammen taten, um Jesus von Nazareth aus dem Weg zu räumen (Mt. 27, 1-2) .

Im Alten Testament wird das Schicksal des Messias in zwei prophetischen Linien dargestellt (Sach. 9, 9). Die eine erzählt von seiner glorreichen Herrschaft; die andere spricht von einem Messias, der leiden und sogar sterben muss (Jes. 53, 7-9) .

Viele Juden zur Zeit Jesu erwarteten, dass sich die Prophezeiung vom Sieg und der Herrschaft des Messias zuerst und noch in ihrer Zeit erfüllen würde. Sie waren davon überzeugt, dass der Gott-gesandte sie vom verhassten Joch, das ihnen die Römer aufgebürdet hatten, befreien werde. Im Leben Jesu erfüllten sich die messianischen Vorhersagen in anderer Reihenfolge. Zuerst kam das Kreuz, dann die Krone. Erst musste er leiden, sterben und auferweckt werden. Das herrliche Gottesreich soll erst bei seinem zweiten Kommen aufgerichtet werden. Der Blick richtet sich einerseits auf seine vollbrachten Heilstaten zurück, aber zugleich auch erwartungsvoll auf sein zweites Kommen. Nur durch die genaue chronologische Reihenfolge in Daniel 9, wird der biblische Ablauf der Ereignisse um den Messias verständlich.

„... und nichts mehr sein." Andere Bibelübersetzungen schreiben „... wird keine [Hilfe] finden." Wörtlich übersetzt heißt es im hebräischen Grundtext: „*... und Nichtvorhanden sein * für ihn.*" Im hebräischen Text fehlt das Akkusativobjekt, was in der Übersetzung durch das * angedeutet ist. Das Dativobjekt für ihn wird genannt und bezieht sich eindeutig auf den Gesalbten. Im darauf folgenden Satz wird die Bedeutung der Menschen betont: „*Und das Volk eines kommenden Fürsten ...*" Das fehlende Wort kann besser mit „Volk" ergänzt werden. Die Übersetzung würde dann lauten: „*Es soll kein Volk für ihn sein.*" Oder freier übersetzt: „*Niemand wird für ihn sein.*"

Solch eine Ablehnung schlug dem Messias genau zu der Zeit entgegen, als er ausgerottet wurde. Es geht hier nicht um eine allgemeine, zeitlich unbegrenzte, sondern um eine spezielle, punktuelle Ablehnung. Eben diese Ablehnung erfuhr Jesus von Nazareth. Als er zum Tode verurteilt und gekreuzigt wurde.

Dies geschah, weil die religiöse Führung Israels ihn loswerden wollte und ein Teil der Jerusalemer Bevölkerung diesem Vorhaben lauthals zustimmte. Die Begeisterung für den Mann aus Nazareth war von einem Tag auf den anderen in Ablehnung umgeschlagen (Mt. 21, 1-11 ; 27, 20-26). Selbst seine Jünger, die am Fuße des Kreuzes standen, begriffen nicht, was um sie herum vorging. Einer von ihnen fasste seine Ratlosigkeit und Enttäuschung in die Klage: *„Wir aber hofften, er sei es, der Israel erlösen werde.“* (Lk 24, 21) Als Jesus starb, *„war niemand für ihn“.*

Im nächsten Satz geht es nicht mehr um den Messias, sondern um das Schicksal des jüdischen Volks. *„Und das Volk eines Fürsten wird kommen und die Stadt und das Heiligtum verstören“* Zuerst wird der Wiederaufbau Jerusalems vorhergesagt, dann wiederum endet die Prophezeiung mit der erneute Zerstörung der Stadt!
Diese beiden Ereignisse stecken den zeitlichen Rahmen dieser Prophetie ab. Und innerhalb dieses Rahmens vollzogen sich auch Auftreten und Werk des Messias. Zu einem nicht näher bestimmten Zeitpunkt nach dem Tod des „Gesalbten“ würde Jerusalem wieder in Schutt und Asche liegen, und zwar so, wie es im Jahre 586 v. Chr. nach der Eroberung der Stadt durch Nebukadnezar gewesen war.

Im Text heißt es, das *„Volk eines Fürsten“* werde kommen und Jerusalem zerstören. Dies wird allgemein auf die römischen Truppen bezogen. Aber, hier steht nagid, dieses Wort wird immer für den Messias benutzt. Die Bezeichnung «Messias nagid» bildet ein Wortpaar, das mit „ein Gesalbter, ein Fürst“ wiedergegeben wird. Der erste Teil des Verses 26 zerreißt das Wortpaar und verwendet nur noch die erste Hälfte. Im zweiten Teil des Verses taucht dann wieder der zweite Teil des Wortpaares auf. Dieses legt den Gedanken nahe, dass sich alle drei Stellen auf denselben messianischen Fürsten bezieht. Demzufolge wäre „das Volk eines Fürsten“ das Volk des Messias, das Jerusalem und den Tempel selbst verwüstet.

Der Auslöser für den Palästinafeldzug der Römer war ein jüdischer Aufstand gegen Rom. Hätte Judäa nicht versucht, das „römische Joch“ abzuschütteln, hätten die römischen Legionen keinen Grund gehabt, Palästina mit Krieg zu überziehen. Jerusalem wäre verschont geblieben.

Im letzten Teil wird das Bild dieses Krieges mit seinen verheerenden Auswirkungen noch anschaulicher: *„... aber dann kommt das Ende durch eine Flut, und bis zum Ende wird es Krieg geben und Verwüstung, die längst beschlossen ist.“* Das Bild einer Flut eignet sich sehr gut, um darzustellen, wie die römische Armee Jerusalem schließlich eroberte und verwüstete. Die nördliche Befestigungsmauer war seit jeher der Schwachpunkt im Verteidigungsring der heiligen Stadt. Auf den drei anderen Seiten drohte kaum Gefahr, da das Terrain dort ziemlich steil zu den Tälern hin ab fiel. Deshalb griffen die römischen Truppen auch von Norden her an, schlugen Breschen in die Mauern, drangen in Jerusalem ein und zerstörten die Stadt fast völlig.

Bis heute zeigen archäologische Funde wie katastrophal der Untergang Jerusalems gewesen sein muss. Anhand von Ausgrabungen im archäologischen Garten am Osthang des Berges Ophel kann man sich ein Bild von den Auswirkungen der Zerstörung der Stadt durch die Babylonier machen. Sehr aufschlussreich über die Zerstörung durch die Römer ist die Ausstellung im nahe gelegenen archäologischen Museum. Die ausgestellten Fundstücke bezeugen eindrucksvoll die von Daniel prophezeite Zerstörung. Auf dem Titusbogen in Rom ist sogar in Stein gemeißelt, was die Sieger damals als Siegesbeute aus Judäa wegschleppten, u. a. der siebenarmige Leuchter, die Menorah, aus dem jüdischen Tempel.

In diesem kurzen Text wird auch geschildert, dass der Tempel bis zum Ende, bis zur Wiederkunft Christi, nicht mehr aufgebaut wird und es Kriege geben wird. Kein Mensch wird an der Richtigkeit dieser Prophezeiung zweifeln.

(9, 27) Drei Aussagen werden über den Messias gemacht.

- Zu Beginn heißt es, dass der Messias den bestehenden Bund für eine Woche „stärken“ werde. Es sollte also ein bereits bestehender Bund gestärkt oder bekräftigt werden. Diesen alten Bund der zwischen Gott und Abraham (1.Mose 17, 9) sowie seinen Nachfahren Israel galt, wollte Gott stärken. Damit räumte er den Juden als seinem erwählten Volk eine letzte Chance ein. Er schickte Jesus, den Messias, um ihnen die Bedeutung dieses Bundes vor Augen zu stellen.
  Die letzte prophetische Woche begann mit dem öffentlichen Auftreten Jesu (27 n. Chr.) und endete mit der Steinigung des Stephanus (34 n. Chr.). Gottes Gnadenangebot an sein Bundesvolk galt noch über den Kreuzestod Christi hinaus. Erst als Stephanus die geistlichen Führer Israels beschuldigte, den Bund mit Gott gebrochen zu haben, lief die Zeit des auserwählten Volkes ab. Die Ära des alten Bundes war zu Ende. Die neutestamentliche Gemeinde, das geistliche Israel, setzte sich aus allen Völkern der Welt zusammen und trat an Israels Stelle (Gal. 3, 28-29 ; Röm. 9, 6-8).
- Die zweite Vorhersage kündigt das Ende des Opferkults an. Hier geht es um die 70. Woche, sie dauerte von 27 bis 34 n. Chr. Genau in der Mitte dieser Zeitspanne, also im Jahre 31 sollten die Opfer abgeschafft werden.
  Opfer waren, heilsgeschichtlich betrachtet, nach Jesu stellvertretendem Opfertod nicht länger erforderlich. Christus selbst war das Passahlamm. Sein Tod erfüllte, was durch die jahrhundertelange Opferpraxis des Alten Testaments veranschaulicht werden sollte. Nun brauchte man keine blutigen Opfer mehr darzubringen. Als göttliches Zeichen dafür zerriss der Vorhang im Tempel genau in dem Augenblick, als Jesus starb (Mt. 27, 51). Insofern wurden die Opfer durch Jesu Sühnetod im Jahre 31 abgeschafft, wie Daniel es vorausgesagt hatte.

- Im dritten Teil lautet die Vorhersage im hebräischen Grundtextes so: *„Und auf dem Flügel von Gräueln [kommt] ein Verwüster, bis festbeschlossene Vernichtung über den Verwüster ausgegossen wird.“*
  „Auf dem Flügel von“ ist eine Redewendung und bedeutet, dass etwas kurze Zeit später folgt. Mit anderen Worten: *„Erst geschehen die Gräuel, kurz danach dann die Verwüstung“*. Das römische Heer eroberte Jerusalem und richtete dort die Verwüstung an. Die Gräuel spielten sich dagegen kurz vor der Einnahme in Jerusalem selbst ab.

Als die römischen Truppen von Norden her in die Stadt einfielen, verschanzte sich ein Teil der jüdischen Verteidiger direkt im Tempelgebäude. Der Tempel war stabil gebaut und galt daher als hervorragender Stützpunkt für die Verteidigung. Die Römer mussten notgedrungen diesen Gebäudekomplex angreifen, obwohl ihr Befehlshaber den Tempel lieber geschont hätte. Während der Kampfhandlungen fing der Tempel Feuer und verbrannte vollkommen. Es lag nicht in Gottes Absicht, dass sein Haus zu einer Festung umfunktioniert wurde. Schlimmeres hätte dem heiligen Ort nicht geschehen können. Diese Gräueltat, das verschanzten direkt im Tempelgebäude hatte die völlige Zerstörung und Verwüstung zur folgte. Gott hatte das alles geschehen lassen, weil sich sein Volk von ihm abgewandt und seinen „Gesalbten“ verworfen hatte. Die römischen Truppen vollstreckten damals lediglich das göttliche Gericht.

Anmerkung: Im Talmud (S.978 /2.Teil Linie 28) steht folgendes; *„Mögen die Knochen und die Hände und die Knochen der Finger von jedem verfaulen und verwesen, der in den Seiten des Buches Daniel blättert, um die Zeit von Daniel (9, 24-27) zu finden.“*

Zusammenfassung

Im Mittelpunkt dieser Prophezeiung steht der Messias.
Ein schematischer Überblick über seine Taten könnte so aussehen:

Daniel 9, 24c	Er wird die große Sühne schaffen.
Daniel 9, 24d	Diese Sühne wird für ewige Gerechtigkeit sorgen.
Daniel 9, 24f	Das himmlische Heiligtum wird für den Beginn des hohepriesterlichen Dienstes gesalbt.
Daniel 9, 25	Der Zeitpunkt für das Kommen des Messias.
Daniel 9, 26a	Der Messias wird getötet.
Daniel 9, 26b	Der Messias wird bei seinem Tod verworfen.
Daniel 9, 27a	Der Messias bietet seinem Volk zum letzten Mal den alten Bund an.
Daniel 9, 27b	Der Messias schafft das Opfersystem ab.

Fasst man diese acht Aussagen zusammen in einem einzigen Bild, so erscheint der Messias als Opfer. Sein Tod mit der Verwerfung durch sein Volk, sein Todesdatum und die vielfältigen Auswirkungen seines Todes sind die herausragenden Themen dieser Prophezeiung. Sein Tod bewirkte Sühne und Gerechtigkeit. Das machte den Opferkult überflüssig. Außerdem begründete der Messias einen neuen priesterlichen Dienst im himmlischen Heiligtum. Das Bild des Messias als Opfer ist der entscheidende Auftakt zu den Prophezeiungen in Daniel 8 und 7, die in umgekehrter Reihenfolge aus Daniel 9 entspringen. Daniel 9 bildet die Voraussetzung für die zukünftigen Ereignisse, die in diesen Prophezeiungen vorhergesagt werden.

Daniel 10

Daniel 10, 11 und 12 bilden eine Einheit. Eingeleitet wird die Prophezeiung, die der Engel Gabriel übermittelt in Kapitel 10. Darauf folgt die eigentliche Prophezeiung (Kapitel 11) und Kapitel 12 ist als Epilog nachgestellt.

Aus Daniel 10 wird deutlich, dass diese Prophezeiung im dritten Jahr des Königs Kyrus (536 v. Chr.) gegeben wurde. Daniel war zu jener Zeit bereits hochbetagt. 605 v. Chr. war er als Gefangener nach Babylon gebracht worden und hatte dort die 70 Jahre, die Jeremia vorhergesagt hatte, verbracht. Als er weggeführt wurde war er ungefähr 18 Jahre alt, was bedeutet, dass der Prophet die letzte Offenbarung Gottes im Alter von 90 Jahren erlebte. Die eigentliche Prophezeiung wurde ihm, ebenso wie in Daniel 9, mündlich von Gabriel überbracht. Neu dagegen ist die Einleitung zu der Prophezeiung in Daniel 10.

Während der Vision befand sich Daniel am Ufer des Tigris. Er betete und fastete, weil die Bemühungen des Volks, den Tempel wieder aufzubauen, hintertrieben wurden. Als Daniel all das in Gedanken bewegte, hatte er ein überwältigendes Erlebnis.

Daniel war angesichts dieser majestätischen Gotteserscheinung überwältigt. Natürlich handelte es sich dabei um ein „mareh - Gesicht“, d. h. eine Erscheinung. Dieses Wesen stand höchst persönlich vor dem Propheten. Daniel war durch die vorherigen Visionen bereits überwältigt. Diese neue Erscheinung aber übertraf alles bisher Erlebte bei weitem. Hier erlebt der Prophet eine Theophanie, d. h. Gott selbst erscheint.

Kurz bevor Daniels prophetischer Dienst beendet war, erschien Gott ihm schließlich selbst und sagte damit im Grunde: *„Hier bin ich, Daniel! Ich bin die letzten 70 Jahre an Deiner Seite gewesen. Nun möchte ich, dass Du den Einen siehst, dem Du so lange vertraut hast!“* Daniel begegnete seinem Herrn persönlich. Gott war ihm immer näher gekommen, bis er sich ihm zuletzt in all seiner göttlichen Herrlichkeit zeigte.

Ein Engel kündigte Daniel an, dass er bald zur Ruhe gelegt werden würde. Daniel konnte getrost sterben, denn er hatte den Herrn persönlich gesehen. Die nächste große Erfahrung, die Daniel machen wird ist die, seinem Herrn am Auferstehungsmorgen von Angesicht zu Angesicht zu begegnen.

Vorbereitung und Empfang einer letzten Offenbarung und Versiegelung des Buches

1 Im dritten Jahr des Königs Kores aus Persien ward dem Daniel, der Beltsazar heißt, etwas offenbart, das gewiß ist und von großen Sachen; und er merkte darauf und verstand das Gesicht wohl.

(10, 1) Am Anfang steht eine Zeitangabe, das dritte Jahr des Königs Kyrus von Persien. Unter seiner Führung besiegten die Perser im Oktober des Jahres 539 v. Chr. Babylon. Daniel erhielt diese Offenbarung im babylonisch-persischen Jahr, das im Frühjahr 536 begann und im Frühjahr 535 endete. Diese Zeitangabe steckt einen Rahmen ab für die Ereignisse, die sich zur gleichen Zeit in der Welt abspielten.
Der Tag an dem ihm sein Gott begegnet war der 24. Tag des ersten Monats (Nisan) Im Hebräischen steht, dass „die Wochen voll“ waren. Volle Wochen enden nach sieben Tagen mit dem Sabbat.

Zwischen Daniel und Johannes (Buch der Offenbarung) gibt es eine direkte Parallele. Johannes schrieb, dass er seine Vision am „Tag des Herrn“ erhielt. Nach dem Alten und Neuen Testament ist der Sabbat der Tag, den Gott als seinen Tag bezeichnet (Jes 58, 13 ; Mk 2, 28). Es ist sicher kein Zufall, dass Daniel und Johannes Visionen ausgerechnet am Sabbat empfingen.

2 Zur selben Zeit war ich, Daniel, traurig drei Wochen lang. 3 Ich aß keine leckere Speise, Fleisch und Wein kam nicht in meinen Mund, und salbte mich auch nie, bis die drei Wochen um waren. 4 Und am vierundzwanzigsten Tage des Monats war ich bei dem großen Wasser Hiddekkel Tigris 5 und hob meine Augen auf und sah, und siehe, da stand ein Mann in Leinwand und hatte einen goldenen Gürtel um seine Lenden. 6 Sein Leib war wie Türkis, sein Antlitz wie ein Blitz, seine Augen wie feurige Fackeln, seine Arme und Füße wie helles, glattes Erz, und seine Rede war wie ein großes Getön. 7 Ich, Daniel, aber sah solch Gesicht allein, und die Männer, so bei mir waren, sahen's nicht; doch fiel ein großer Schrecken über sie, daß sie flohen und sich verkrochen.

(10, 2) Daniel war mit einem scheinbar unlösbaren Problem beschäftigt. Es wird zwar gesagt, dass er trauerte und fastete, aber nicht worum es ging. Im dritten Jahr des Königs Kyrus waren die Juden nach Juda zurückgekehrt. Der Perser hatte ihnen in seinem ersten Herrschaftsjahr per Dekret die Heimkehr erlaubt, und sie waren vor Ende des zweiten Jahres in Jerusalem eingetroffen. Daniels Problem bestanden darin, dass sich die Juden nach ihrer Rückkehr selbst in Schwierigkeiten gebracht hatten. Das Buch Esra zeigt, dass sie mit großen, zum Teil hausgemachten, Problemen zu kämpfen hatten.

Esra 1 berichtet, dass Kyrus den Juden gestattete, in ihr Land zurückzukehren. Esra 3 beschreibt, was die Juden taten, als sie in Jerusalem angekommen waren. Sie bauten im ehemaligen Tempelgelände einen Altar und richteten den Opferdienst wieder ein. Doch als sie mit dem Wiederaufbau des Tempels beginnen wollten, gerieten sie in Schwierigkeiten. Esra 4, 5: „*Und [sie die Samariter] dingten Ratgeber wieder sie [die Juden] und verhinderten ihren Rat, solange Kores, der König in Persien, lebte, bis an das Königreich Darius, des Königs in Persien.*“ Darius I. bestieg erst 522 v. Chr. den Thron. Demnach kam der Wiederaufbau des Tempels für längere Zeit (536 bis 522) zum Erliegen.

(10, 4) Vermutlich hatte Daniel Kenntnis von den Vorgängen in Jerusalem bekommen und befürchteten, dass der Tempel nie wieder aufgebaut werden würde. Das hieße zugleich: Wenn es kein Heiligtum mehr gibt, kehrt auch Gott nicht mehr zu seinem Volk zurück! (2. Mose 25, 8)

(10, 5) Daniel sieht kein gewöhnliches Wesen und auch keinen Engel. Ihm waren schon Engeln in verschiedenen Visionen begegnet. Doch das majestätische Wesen, das hier beschrieben wird, stellt alles bisher Erlebte in den Schatten. Daniel versucht mit Worten die Herrlichkeit der Gestalt zu beschreiben.
Er bezeichnet das Gesehene als Vision. Dabei benutzt er allerdings ein besonderes hebräisches Wort, das sich im Gegensatz zu den symbolischen Visionen in Daniel 7 und 8 vorwiegend auf die Erscheinung eines persönlichen Wesens bezieht. Eine solche Schau wird Theophanie, d. h. Gotteserscheinung, genannt.

Am Ende seines irdischen Dienstes als Prophet begegnet Daniel seinem Herrn, dem er ein Leben lang gedient hatte, persönlich. Die unmittelbare Nähe Gottes gab ihm die Gewissheit, dass der Herr seinen Dienst angenommen hatte, und dass Israels Schicksal auch weiterhin in seinen starken Händen lag.

Die Erscheinungen Gottes in Daniel 10, Hesekiel 1, und Offenbarung 1 können verglichen werden. Johannes sah Jesus Christus mitten zwischen den Leuchtern des Heiligtums stehen. Jesus war wie ein Priester gekleidet, strahlte aber zugleich die Herrlichkeit Gottes aus. Hesekiel sah eine Gestalt, die dem ähnelte, was Johannes beschrieb. Er äußerte über das Gesehene: „*Wie der Regenbogen steht in den Wolken, wenn es geregnet hat, so glänzte es ringsumher. So war die Herrlichkeit des Herrn anzusehen. Und als ich sie gesehen hatte, fiel ich auf mein Angesicht und hörte einen reden.*“ (Hes 1, 28) Daniel wurde auf ähnliche Weise von dem Anblick überwältigt und sank ohnmächtig zur Erde (Da 10, 9).

8 Und ich blieb allein und sah dies große Gesicht. Es blieb aber keine Kraft in mir, und ich ward sehr entstellt und hatte keine Kraft mehr. 9 Und ich hörte seine Rede; und in dem ich sie hörte, sank ich ohnmächtig auf mein Angesicht zur Erde. 10 Und siehe, eine Hand rührte mich an und half mir auf die Kniee und auf die Hände, 11 und er sprach zu mir: Du, lieber Daniel, merke auf die Worte, die ich mit dir rede, und richte dich auf; denn ich bin jetzt zu dir gesandt. Und da er solches mit mir redete, richtete ich mich auf und zitterte.

(10, 10) Der Engel Gabriel berührte Daniel und richtete ihn wieder auf, so dass er ihm Gottes Botschaft mitteilen konnte, obwohl er noch immer am ganzen Körper zitterte.

(10, 11) Der Engel Gabriel war Daniel schon vorher im Zusammenhang mit anderen Visionen erschienen (Daniel 9, 24-27). Er erklärte ihm auch die Symbole, von denen in Daniel 8, 1-12 die Rede ist. Daniel verknüpft die Visionen aus Kapitel 9 mit der aus Kapitel 8, indem er von Gabriel als von einem spricht, den er „zuvor im Gesicht gesehen hatte“ (Daniel 9, 21). In ähnlicher Weise werden Daniel 10 und 11 mit den Kapiteln 8 und 9 in Zusammenhang gebracht, indem Daniel erklärt, dass er das vorausgehende Gesicht verstand, nachdem er die Deutung in Daniel 11 erhalten hatte (Daniel 10,1). Obwohl Gabriel in Daniel 10 und 11 nicht genannt wird, ist anzunehmen dass er es war, der dem Propheten diese Botschaften überbrachte (Daniel 10, 13. 20), da er offenbar dem Engelfürsten Michael sehr nahe stand. Die drei genannten Prophezeiungen werden also dadurch verknüpft, dass jede von ihnen durch Gabriel übermittelt und gedeutet wurde.

12 Und er sprach zu mir: Fürchte dich nicht, Daniel; denn von dem ersten Tage an, da du von Herzen begehrtest zu verstehen und dich kasteitest vor deinem Gott, sind deine Worte erhört; und ich bin gekommen um deinetwillen. 13 Aber der Fürst des Königreiches im Perserland hat mir einundzwanzig Tage widerstanden; und siehe, Michael, der vornehmsten Fürsten einer, kam mir zu Hilfe; da behielt ich den Sieg bei den Königen in Persien. 14 Nun aber komme ich, daß ich dich unterrichte, wie es deinem Volk hernach gehen wird; denn das Gesicht wird erst nach etlicher Zeit geschehen.

(10, 13) Interessant ist es hier, dass der Engel für einen Moment den Vorhang beiseite schiebt, der den Blick in die unsichtbare Welt verwehrt. Während Daniel scheinbar vergeblich auf eine Antwort Gottes und sein Eingreifen wartet, ist der Herr längst tätig. Aber erst nach drei Wochen war das Warten beendet. Gabriel trat auf und brachte ihm die Botschaft: „Gott ist längst am Wirken“! Gott reagierte sofort auf das Gebet Daniels.

Der „Fürst des Königreichs Persien“ hatte Gabriel einundzwanzig Tage lang daran gehindert, Daniel Gottes Antwort zu überbringen. Und der Kampf gegen diesen Widersacher war nach den drei Wochen noch nicht zu Ende, sondern Gabriel hatte ihn nur dem Engelfürsten Michael überlassen.

In Daniel 10 wird der Name des Königs genannt, der zu jener Zeit Fürst oder Prinz in Persien war: Kambyses, der Sohn des Kyrus. Als Kyrus starb, bestieg Kambyses den persischen Thron. Bis dahin war er Kronprinz gewesen. Folglich dürfte er der in Daniel 10 erwähnte Fürst Persiens gewesen sein.
Kambyses würde dann in Daniel 10 vor allem aus zwei Gründen erwähnt: Er verfügte als Fürst bzw. Prinz über große politische Macht und weitreichenden Einfluss. Und er leistete allen fremden religiösen Kulten entschiedenen Widerstand.

Als Kronprinz interessierte er sich vor allem für die Angelegenheiten der Provinz Babylon. Kyrus erhob ihn sogar für ein Jahr in den Rang eines Mitkönigs. Kambyses war ein glühender Anhänger Zoroasters [Zoroaster = Zarathustra; wirkte ca. um 600 v. Chr. als Prophet in Ostpersien] und betete den Gott Ahura Mazda an. Andere Götterkulte bekämpfte er kompromisslos. Historische Quellen belegen, dass er sogar die Tempel einiger fremder Götter zerstören ließ. Deshalb war es kein Zufall, dass die Juden mit dem Wiederaufbau des Jerusalemer Tempels während der Herrschaft des Kambyses (530-522) nicht voran kamen. Die Vernachlässigung des Tempels während dieser Zeit stimmt mit der Politik des Kambyses überein. Noch bevor er König wurde, besaß er große Macht in der Provinz Babylon, zu der damals auch Syrien und Juda gehörten. Das änderte sich erst unter Darius I. Es ist also möglichen, dass von den Samaritern beeinflusste Ratgeber hinter Kambyses gesteckt haben und seine Abneigung gegen fremde Kulte genutzt haben, um den Tempelbau in Jerusalem zu hintertreiben. Das würde erklären, warum es den Juden weder in den letzten Regierungsjahren des Kyrus, noch während der Herrschaft des Kambyses gelang, den Tempel wieder aufzubauen. Erst als mit Darius I. ein neuer König und damit eine andere Politik den Thron bestieg, konnten die Juden den Wiederaufbau erneut vorantreiben (Esra 4, 5).

Hinter diesem Geschehen waren allerdings unsichtbare Mächte am Werk. Engel Gottes wirkten auf den halsstarrigen Prinzen ein, um Gottes Willen zu verwirklichen. Doch trotz aller himmlischen Anstrengungen liegt die Entscheidung letztlich bei einem jeden Menschen persönlich. Bemerkenswert ist das seltsame Ende Kambyses! Auf dem Rückweg von Ägypten fiel er in sein eigenes Schwert und verletzte sich dabei tödlich.

(10, 14) Daniel wollte weiterhin wissen, was mit seinem Volk geschehen würde. Kurz nach dem Tod Jesu hörte das Volk Israel auf, das besondere Volk Gottes zu sein. Gottes Botschaft wurde jetzt nicht mehr allein dem Volk Israel gepredigt, sondern auch allen anderen Völkern auf der Erde. Seit Jesu Auferstehung ist die Zugehörigkeit zum Volk Gottes nicht mehr an einem besonderen Volk gebunden, sondern wer Jesus als seinen persönlichen Erlöser annimmt, der gehört zum Volk Gottes (Gal. 3, 29). Wenn hier also von dem Volk am Ende der Tage die Rede ist, bezieht sich dies nicht auf das Volk Israel, sondern auf die Menschen, die an Jesus glauben und seine Gebote halten.

15 Und als er solches mit mir redete, schlug ich mein Angesicht nieder zur Erde und schwieg still. 16 Und siehe, einer, gleich einem Menschen, rührte meine Lippen an. Da tat ich meinen Mund auf und redete und sprach zu dem, der vor mir stand: Mein HERR, meine Gelenke beben mir über dem Gesicht, und ich habe keine Kraft mehr; 17 und wie kann der Knecht meines HERRN mit meinem HERRN reden, weil nun keine Kraft mehr in mir ist und ich auch keinen Odem mehr habe? 18 Da rührte einer, gleich wie ein Mensch gestaltet, mich abermals an und stärkte mich 19 und sprach: Fürchte dich nicht, du lieber Mann! Friede sei mit dir! Und sei getrost, sei getrost! Und als er mit mir redete, ermannte ich mich und sprach: Mein HERR rede! denn du hast mich gestärkt.
20 Und er sprach: Weißt du auch, warum ich zu dir gekommen bin? Jetzt will ich wieder hin und mit dem Fürsten in Perserland streiten; aber wenn ich wegziehe, siehe, so wird der Fürst von Griechenland kommen. 21 Doch ich will dir anzeigen, was geschrieben ist, was gewiß geschehen wird. Und es ist keiner, der mir hilft wider jene, denn euer Fürst Michael,

(10, 21) Michael wird hier als „einer der Ersten unter den Engelfürsten", „euer Engelfürst" und „der große Engelfürst, der für dein Volk eintritt" bezeichnet (Daniel 10, 13.21; 12, 1). Michael ist somit der „himmlische Prinz", der dem irdischen Prinzen Kambyses gegenübersteht.

Das Alte Testament macht über Michael nur bruchstückhafte Angaben. Um ein vollständiges Bild von ihm zu gewinnen, müssen auch die Aussagen des Neuen Testaments berücksichtigt werden. Dort ist beispielsweise vom Erzengel Michael die Rede, der mit Satan um die Auferstehung des Mose streitet (Jud 9). Da Mose nach Matthäus 17 auferstanden ist, besitzt Michael Auferstehungsvollmacht.
Er wird als Führer des himmlischen Engelheeres dargestellt, das vor der Erschaffung des Menschen gegen Satan und seine Engel kämpfte (Offb 12, 7-9). Diese neutestamentlichen Hinweise können sich auf kaum jemand anderen als Christus beziehen. Das lässt darauf schließen, dass mit den alttestamentlichen Texten, in denen Michael genannt wird, ebenfalls Christus gemeint ist.

Michael wird nur in Daniel 10 und 12 namentlich erwähnt. In Daniel 10 ist er in einen örtlich begrenzten Streit verwickelt. In Daniel 12 dagegen steht er in einer letzten und universalen Auseinandersetzung. Dort geht es um den Ausgang des Kampfes zwischen Gut und Böse. Alle biblischen Textstellen über Michael enthalten ein charakteristisches Merkmal:

Es geht um einen Konflikt, in dem Michael als Führer im Kampf für Gottes Sache auftritt. So umschließen die Bilder von Michael in Daniel 10 und 12 die Prophezeiung in Daniel 11. Michael wird in Kapitel 10 in Verbindung mit einem Streit eingeführt, der zur Zeit des Propheten stattfand (Daniel 10, 13.21). Das letzte Bild Michaels erscheint am Ende der Zeit in der alles entscheidenden Auseinandersetzung. Immer schützt er das Volk Gottes; zur Zeit Daniels genauso wie am Ende der Zeit.

Von der Kontroverse, in der sich Michael und Kambyses gegenüberstehen, führt Gabriel Daniel weiter durch die prophetische Zukunft bis zu der Zeit, wenn Michael zum letzten Mal auftritt. Dann wird der Heilsplan zum Abschluss kommen. Michael wird sein Volk nach Hause bringen. Diese Vorhersagen für die Zukunft werden von Gabriel in Daniel 11 geschildert.

Daniel 11

Daniels letzte Prophezeiung umfasst drei Kapitel – Daniel 10, 11 und 12. Kapitel 10 liefert die Einführung; Kapitel 11 enthält die eigentliche Weissagung und Kapitel 12 bildet den Schluss.

In diesem Kapitel geht es um Einzelheiten. Im Mittelpunkt stehen einzelne Könige und nicht nur Königreiche an sich. Dieser ausführlichen Erklärung geht auch keine symbolische Vision voraus. Gabriel überbringt dem Propheten die mündliche, belehrende Prophezeiung direkt und unverschlüsselt.

Die Prophezeiung in Kapitel 11 umfasst den Zeitraum von der persischen Herrschaft zur Zeit Daniels bis in die ferne Zukunft, wenn Gott den Erlösungsplan abschließen und sein Reich aufrichten wird.

Die Weltreiche bis zur Vernichtung des Papsttums

1 Denn ich stand ihm bei im ersten Jahr des Darius, des Meders, daß ich ihm hülfe und ihn stärkte.
2 Und nun will ich dir anzeigen, was gewiß geschehen soll. Siehe, es werden drei Könige in Persien
aufstehen; der vierte aber wird den größern Reichtum haben denn alle andern; und wenn er in seinem
Reichtum am mächtigsten ist, wird er alles wider das Königreich in Griechenland erregen. 3 Darnach
wird ein mächtiger König aufstehen und mit großer Macht herrschen, und was er will, wir er
ausrichten. 4 Und wenn er aufs Höchste gekommen ist, wird sein Reich zerbrechen und sich in alle
vier Winde des Himmels zerteilen, nicht auf seine Nachkommen, auch nicht mit solcher Macht, wie
sie gewesen ist; denn sein Reich wird ausgerottet und Fremden zuteil werden.

(11, 2) Hier geht es um drei persische Könige, die „aufstehen“ sollten. Nach ihnen würde ein vierter König an die Macht kommen. Weil Kyrus zu der Zeit herrschte, als Gabriel dem Daniel diese Prophezeiung übermittelte, ist sein Sohn Kambyses der erste der drei Könige. Vor seinem Aufbruch nach Ägypten hatte Kambyses seinen Bruder Smerdis ermordet, um einen Rivalen zu beseitigen. Doch während seiner Abwesenheit gab sich Bardiya, ein Betrüger, als Smerdis aus und bestieg den Thron. Kambyses verließ Ägypten, um den Schwindel aufzudecken, verstarb jedoch auf dem Rückweg. Kurze Zeit später putschte Darius I. Hystaspes mit einigen Rebellen gegen die Zentralregierung unter dem falschen Smerdis und bestieg selbst den Thron. Darius war kein Anwärter auf den Thron gewesen, sicherte seine Position aber durch seine militärischen Erfolge. Demnach handelte es sich bei den drei Königen, die „aufstehen“ sollten, um Kambyses, den falschen Smerdis und Darius I. Hystaspes.
Auf diese drei Könige folgte ein besonders bedeutsamer Herrscher. In der Prophezeiung wird vorhergesagt, dass der vierte größeren Reichtum haben wird als alle andern. Und wenn er in seinem Reichtum am mächtigsten ist, wird er alles gegen das Königreich Griechenland Aufbieten. Dieser reiche Herrscher war der persische König Xerxes, von dem im Buch Ester die Rede ist. Xerxes war nach Darius der zweite Perserkönig, der seine Hand nach Griechenland ausstreckte. Im Jahre 480 v. Chr. fiel er dort ein. Obwohl sich die Griechen mehr als hundert Jahre lang ruhig verhielten, hatten sie nicht vergessen, wie sehr sie einst von den Persern erniedrigt worden waren. Erst unter der Führung Alexanders des Großen rächten sie sich für alles, was ihnen die Perser zuvor angetan hatten.

(11, 3. 4) Auch wenn es hier nicht direkt steht, wird dennoch deutlich das dieser neue und mächtige Herrscher seine Macht und sein Reich aus der Niederlage seiner persischen Vorgänger bezog. Sein Königreich sollte nicht an seine direkten Nachkommen fallen. Diese Vorhersagen erfüllten sich im Leben und Sterben Alexanders des Großen. In allen Versen über Alexanders Schicksal (Daniel 8, 8; 8, 21; 1, 4) steht das gleiche hebräische Verb, das ausdrückt, wie sein Reich „zerbrechen" sollte. Er hinterließ bei seinem Tod einen kleinen Sohn, der aber kein Teil des Reiches erbte. Statt dessen sollte Alexanders Reich alle vier Himmelsrichtungen geteilt werden. Die gleiche Aussage wird in Daniel 8, 8 gemacht, wo es darum geht, dass Alexanders Reich in vier (Hörner) Königreiche zerbricht, über die seine Generäle herrschen würden. Diese Teilung wurde schon durch die vier Häupter und Flügel des Panthers (Daniel 7, 6) und durch die vier Hörner auf dem Kopf des Ziegenbocks (Dan 8, 8; 8, 22) ausführlich dargestellt.

Hinweis: Aus Sicht der in Palästina lebenden Juden waren die wichtigsten Reiche nach der Teilung Griechenlands, Syrien (einschließlich Babylon), das sich unmittelbar an der judäischen Nordgrenze befand, und Ägypten, das im Süden an Juda grenzte. Die herrschenden Dynastien hießen in Ägypten Ptolemäer und in Syrien Seleukiden. Diese Namen leiten sich von ihren ersten Herrschern Ptolemäus I. bzw. Seleukus I. ab. Während dieser Zeit lebten die Juden zuerst unter ptolemäischer Herrschaft, bevor sie von den Seleukiden regiert wurden. Nachdem Juda unter Führung der Makkabäer das Seleukidenjoch abgeschüttelt und endlich wieder die Unabhängigkeit erlangt hatte, herrschten noch einmal jüdische Könige, nun aus dem Hause der Hasmonäer.

5 Und der König gegen Mittag, welcher ist seiner Fürsten einer, wird mächtig werden; aber gegen ihn wird einer auch mächtig sein und herrschen, dessen Herrschaft wird groß sein. 6 Nach etlichen Jahren aber werden sie sich miteinander befreunden; die Tochter des Königs gegen Mittag wird kommen zum König gegen Mitternacht, Einigkeit zu machen. Aber ihr wird die Macht des Arms nicht bleiben, dazu wird er und sein Arm nicht bestehen bleiben; sondern sie wird übergeben werden samt denen, die sie gebracht haben, und dem, der sie erzeugt hat, und dem, der sie eine Weile mächtig gemacht hat. 7 Es wird aber der Zweige einer von ihrem Stamm aufkommen; der wird kommen mit Heereskraft und dem König gegen Mitternacht in seine Feste fallen und wird's ausrichten und siegen. 8 Auch wird er ihre Götter und Bilder samt den köstlichen Kleinoden, silbernen und goldenen, wegführen nach Ägypten und etliche Jahre vor dem König gegen Mitternacht wohl stehen bleiben. 9 Und dieser wird ziehen in das Reich des Königs gegen Mittag, aber wieder in sein Land umkehren.

(11, 5) Der erste führende König des Südens (Ägypten) war Ptolemäus I. Soter. Sein Oberbefehlshaber, der noch mächtiger wurde als er, war Seleukus I. Nicator. Dieser Feldherr hatte von Syrien nach Ägypten fliehen müssen, konnte aber schließlich die syrischen Gebiete unter Antigonus zurückerobern.

(11, 6) „Nach einigen Jahren", 249 v. Chr., bildeten Ptolemäus II. Philadelphos, der König des Südens, und Antiochus II. Theos, der damalige König des Nordens, eine Allianz. Sie wurde durch die politisch motivierte Hochzeit zwischen Berenike und Antiochus besiegelt. Nach dem Tod des Ptolemäus wurde dieses Abkommen aufgehoben. Laodike, die frühere Frau des Antiochus, ließ Berenike und deren Sohn ermorden.

(11, 7) Um den Tod Berenikes und den ihres Sohnes zu rächen, zog Ptolemäus III. Euergetes, „einer aus ihrem Stamm“ gegen den Norden und eroberte sogar die syrische Hauptstadt. Eine Zeit-lang beherrschte er Syrien, das Gebiet des Nordkönigs, gab dieses Territorium dann aber wieder auf und kehrte nach Ägypten zurück.

(11, 8) Dabei machte er große Beute und raubte sogar einige Götterstatuen der Syrer. So bekam der bis dahin rein politische Konflikt eine religiöse Dimension. Diese symbolische Handlung sollte zeigen, dass die ägyptischen Götter über die Götter Syriens triumphierten. Ptolemäus III. kehrte nach Ägypten zurück, und für einige Jahre herrschte Ruhe zwischen den Kontrahenten.

(11, 9) Danach griff Seleukus II. Ägypten an, um Vergeltung für die schmachvolle Niederlage zu üben, doch er scheiterte mit seinem Vorstoß.

10 Aber seine Söhne werden zornig werden und große Heere zusammenbringen; und der eine wird kommen und wie eine Flut daherfahren und wiederum Krieg führen bis vor seine Feste. 11 Da wird der König gegen Mittag ergrimmen und ausziehen und mit dem König gegen Mitternacht streiten und wird einen solchen großen Haufen zusammenbringen, daß ihm jener Haufe wird in seine Hand gegeben, 12 Und wird den Haufen wegführen. Des wird sich sein Herz überheben, daß er so viele Tausende darniedergelegt hat; aber damit wird er sein nicht mächtig werden. 13 Denn der König gegen Mitternacht wird wiederum einen größeren Haufen zusammenbringen, als der vorige war; und nach etlichen Jahren wird er daherziehen mit großer Heereskraft und mit großem Gut. 14 Und zur selben Zeit werden sich viele wider den König gegen Mittag setzen; auch werden sich Abtrünnige aus deinem Volk erheben und die Weissagung erfüllen, und werden fallen. 15 Also wird der König gegen Mitternacht daherziehen und einen Wall aufschütten und eine feste Stadt gewinnen; und die Mittagsheere werden's nicht können wehren, und sein bestes Volk wird nicht können widerstehen; 16 sondern der an ihn kommt, wird seinen Willen schaffen, und niemand wird ihm widerstehen können. Er wird auch in das werte Land kommen und wird's vollenden durch seine Hand.

(11, 10) Die Söhne des Nordkönigs werden hier erwähnt. Bei ihnen handelte es sich um Seleukus III. Ceraunos und Antiochus III. der Große. Seleukus III. herrschte nur kurze Zeit (226-223 v. Chr.), während Antiochus III. lange an der Macht war und große Bedeutung erlangte, worauf sein Beiname „der Große“ hinweist. Er herrschte von 223 bis 187 v. Chr.

(11, 11) Das Ägyptische Heer zählte 70000 Kämpfer zu Fuß, 5000 Reiter und 83 Elefanten. Das syrische 62000 Kämpfer, 6000 Reiter und 102 Elefanten. Bei Raphia in der Nähe von Gaza kam es zur Entscheidung. Antiochus verlor und rette gerade noch sein Leben.

(11, 12) 4000 Gefangene wurden weggeführt. Ptolemäus begnügte sich mit der Rückgabe des verlorenen Syriens und Palästinas. Beim Besuch Jerusalems wurde ihm der Eintritt in das Allerheiligste verweigert. Einige Juden, die sich in Alexandrien angesiedelt hatten wurden ermordet. Dies führte dann zu einem Aufstand, wobei 40-60000 Juden umgekommen sind.

(11, 13) Nach dieser Niederlage wandte sich Antiochus III. dem Osten zu, wo er verloren-gegangene Ländereien des seleukidischen Königreichs zurück gewann. Er hatte nun ein Kampferfahrenes Heer gesammelt, dies ermutigte ihn sich erneut mit der ägyptischen Angelegenheit zu beschäftigen.

Diesmal war er erfolgreicher als beim ersten Aufeinandertreffen. Nach der entscheidenden Schlacht von Paneas im Jahre 198 v. Chr. fiel ihm die Provinz Juda zu. Damit wurden die einstigen Vasallen des Südkönigs zu Untertanen des Nordkönigs.

(11, 14) Der Nachfolger Ptolemäus Philopator war der fünf Jährige Ptolemäus V. Unter einer schwachen Regierung erhoffte sich Epipanes seine Nachbarn zu entledigen. Dabei fand er auch einen verbündeten im König Philipp von Mazedonien. Durch Missverwaltung entstanden Unruhen in Oberägypten. Philipp von Mazedonien und Antiochus von Syrien bemächtigten sich der ägyptischen Besitzungen in Kleinasien. Die Alexandriner schickten eine Gesandtschaft nach Rom mit der Bitte, die Vormundschaft des jungen Königs zu übernehmen und das Reich gegen Philippus und Antiochus zu schützen.

Nun erscheint Rom, der Zerstörer Israels auf der Bildfläche. Diese Gesandtschaft kam Rom in doppelter Beziehung gelegen. Sie konnten in Ägypten Fuß fassen und hatten sogleich einen rechtlichen Anlass zu feindlichen Auftreten gegen Philippus. Das Schicksal Ägyptens war besiegelt.

(11, 15) Nach dem Tod Ptolemäus IV. hatte sich Antiochus ganz Vorderasien, Phönizien und Palästina bemächtigt, ging aber nicht weiter nach Ägypten. Sein Augenmerk richtete er gegen Attalus von Pergamus. Der ägyptische Feldherr Skopas wollte die Länder wieder zurückerobern, was ihm aber nicht gelang. Rom ließ ihm ruhig gewähren, denn gegen zwei Gegner wollten sie nicht Kämpfen. Antiochus entzog Philippus von Mazedonien seine Hilfe und schwächte sein Heer im Krieg gegen Ägypten, sodass Rom gemütlich eins nach dem anderen einnehmen konnte.

(11, 16) Ägypten hatte Antiochus nicht widerstehen können. Philippus, der die kleinasiatischen Besitzungen Ägyptens an sich gerissen hatte, wurde 197 v. Chr. von den Römern geschlagen. 146 v. Chr. wurde Mazedonien eine römische Provinz. Die Römer vertrieben Antiochus aus Europa und 190 v. Chr. erschien das erste mal der römische Adler in Asien. Die Tyrannei des Antiochus Epiphanes (175-163 v. Chr.), der den Juden das griechische Heidentum aufzwingen wollte, rief 167 v. Chr. in Palästina einen Aufstand hervor, in dem die Makkabäer Israel von der syrischen Herrschaft befreiten.

Zur Hervorhebung dieser neuen Macht heißt es auch, „*wird seinen Willen schaffen, und niemand wird ihm widerstehen können*“ oder „*dass ihr Herrscher tun wird, was ihn gut dünkt*“. Rom hinderte Antiochus IV. Epiphanes daran, seine ägyptischen Eroberungen zu nutzen. Noch ein wichtiger Hinweis findet sich in dem Ausdruck „in das werte Land kommen“. Es ist undenkbar, dass sich dieser Text auf Antiochus IV. bezieht, denn Judäa war bereits ein Teil des Reiches, das er von seinem Vater übernahm. Er brauchte das „herrliche Land“ nicht mehr zu erobern. Rom dagegen eroberte Syrien 64 v. Chr., so war auch Judäa davon betroffen. Hier ist eine Querverbindung zu Daniel 8, 9, wo das „herrliche Land“ (sebi) zu den Eroberungen des „kleinen Horns“ zählt.

Aufschlussreich ist ein sprachlicher Aspekt bei der Schilderung der Auseinandersetzung zwischen Antiochus IV. und Rom. Wenn im Hebräischen von Gefechten und Krieg die Rede ist, wird normalerweise die Präposition ‘al (gegen) verwendet. Luther übersetzt „*niemand wird ihm widerstehen können*“, was nicht ganz genau stimmt. Im hebräischen Text steht an dieser Stelle ‘el (zu). Anders ausgedrückt: Als der römische Gesandte zu Antiochus IV. kam, um ihn zum Rückzug aus Ägypten zu bewegen, wurde er nicht von einem römischen Heer begleitet. Es handelte sich um eine diplomatische Mission, die erfolgreich verlief, weil Antiochus ansonsten Gefahr gelaufen wäre, mit der geballten militärischen Macht Roms angegriffen zu werden. Bei diesem Treffen kam Rom lediglich zu ihm und zog nicht gegen ihn.

17 Und wird sein Angesicht richten, daß er mit der Macht seines ganzen Königreichs komme. Aber er wird sich mit ihm vertragen und wird ihm seine Tochter zum Weibe geben, daß er ihn verderbe; aber es wird ihm nicht geraten und wird nichts daraus werden. 18 Darnach wird er sich kehren wider die Inseln und deren viele gewinnen. Aber ein Fürst wird ihn lehren aufhören mit Schmähen, daß er nicht mehr schmähe. 19 Also wird er sich wiederum kehren zu den Festen seines Landes und wird sich stoßen und fallen, daß ihn niemand finden wird.

(11, 17) Rom setzte in Ägypten 81 v. Chr. Alexander II. als Erbe, gegen Bezahlung ein. Ptolemäus Aulets wurde vom Volk vertrieben, aber Rom half ihm wieder auf seinen Thron (58 v. Chr.) Als Auletes starb, hinterließ er den Thron seinem zehnjährigen Sohn Ptolemäus XII. Dionysus und seiner sechtzehnjährigen Tochter Kleopatra unter der Vormundschaft Roms. Bruder und Schwester sollten nach der Weise Ägyptens heiraten. Der römische Senat bestimmte Pompejus als Vormund. Pompejus wurde ermordet und Ptolemäus vertrieb seine Schwester und sie bekriegten sich. Cäsar befahl ihnen ihre Kriegerischen Handlungen einzustellen und den Entscheid vor seinem Richterstuhl abzuwarten. Kleopatra ließ sich aber in der Nacht vermummt, auf den Schultern ihres Dieners zu Cäsar tragen. Durch ihren unwiderstehlichen Reiz auf Cäsar, gewann sie ihn völlig. Als Cäsar die römischen Abzeichen, in Ägypten vor sich her tragen ließ, entstand ein allgemeiner Aufruhr. Ptolemäus kämpfte gegen Cäsar, sodass er ein Ersatzheer bestellen musste. Cäsar schlug nun im Nildelta das ägyptische Heer, Ptolemäus ertrank und Kleopatra wurde mit ihrem jüngeren Bruder die Regentschaft über Ägypten anvertraut. Rom legte noch drei Legionen dort hin um ihre Oberhoheit zu festigen.

Die Darstellung der Liebesaffäre zwischen Julius Cäsar und Kleopatra stimmen mit dem zweiten Teil des Verses überein. Sie gebar ihm einen Sohn Cäsarion und begleitete ihn als seine Gemahlin nach Rom. Doch kurze Zeit später wurde Julius Cäsar ermordet. Kleopatra kehrte nach Ägypten zurück, um dort ihre Herrschaft zu sichern. Das gelang auch für eine gewisse Zeit, zumal sie Marcus Antonius, einen der drei römischen Herrscher (Triumvirn), für sich gewann. Aus der Ehe mit ihm gingen zwei Söhne und eine Tochter hervor. Doch dann fiel Octavian in Ägypten ein und besiegte Marcus Antonius. Als es Kleopatra nicht gelang, ihn auch auf ihre Seite zu ziehen, soll sie in ihrem Mausoleum durch Schlangenbisse Selbstmord begangen haben. In diesem Sinne hatte ihre Herrschaft keinen Bestand.

(11, 18) Julius Cäsar unternahm drei Feldzüge, nachdem er Ägypten verlassen hatte. Einen zu den Küstenregionen am Bosporus, wo er nach fünf Tagen den König Pharnakes besiegte.
Einem Freund schrieb er: „Veni, vidi, vici“ (Ich kam, sah und siegte). Die pompejanische Partei sammelte sich in Nordafrika um den letzten Versuch zu unternehmen, die Republiek von der Alleinherrschaft zu retten. Bei Thapsus trug er einen entscheidenden Sieg über sie davon und der Überrest flüchtete nach Spanien. 45 v. Chr. zerschlug er die pompejanische Partei bei Munda vollkommen. Julius Cäsar wurde zum lebenslänglichen Diktator und Imperator ernannt. Im Tempel des Quirius wurde ihm eine Statue als Gott errichtet (der Monat Quintilius wurde nach Julius umgetauft, unser Juli). So demontierte er sich durch seinen totalitären Führungsstil der letzten Regierungsjahre zunehmend selbst.

(11, 19) An dieser Stelle benutzt Daniel ein Wortspiel. Im Hebräischen steht für „Beschimpfung“, „Spott“ oder „Schmähung“ der Begriff herpa, der dem Wort hereb, was soviel wie „Dolch“ oder „Schwert“ bedeutet, ähnelt. Tatsächlich war es einer seiner engsten Freunde, der ihm am 15. März 44 v. Chr. zur Sitzung des Senats hinterrücks den Dolch in den Leib stieß.

20 Und an seiner Statt wird einer aufkommen, der wird einen Schergen Steuereintreiber sein herrliches Reich durchziehen lassen; aber nach wenigen Tagen wird er zerbrochen werden, doch weder durch Zorn noch durch Streit. 21 An des Statt wird aufkommen ein Ungeachteter, welchem die Ehre des Königreichs nicht zugedacht war; der wird mitten im Frieden kommen und das Königreich mit süßen Worten einnehmen. 22 Und die Heere, die wie eine Flut daherfahren, werden von ihm wie mit einer Flut überfallen und zerbrochen werden, dazu auch der Fürst, mit dem der Bund gemacht war. 23 Denn nachdem er mit ihm befreundet ist, wird er listig gegen ihn handeln und wird heraufziehen und mit geringem Volk ihn überwältigen, 24 und es wird ihm gelingen, daß er in die besten Städte des Landes kommen wird; und wird's also ausrichten, wie es weder seine Väter noch seine Voreltern tun konnten, mit Rauben, Plündern und Ausbeuten; und wird nach den allerfestesten Städten trachten, und das eine Zeitlang.

(11, 20) Cäsar hatte in seinem Testament seinen Großneffen Octavian als Haupterben eingesetzt. Antonius machte ihm sein Erbe streitig und mit Lepidus wurde so das zweite Triumvirat gebildet. Octavian ging nach dem Selbstmord Antonius (29 v. Chr.) als Alleinherrscher hervor. Der Senat verlieh ihm den Titel Augustus „der Erhabene“ und der Monat, der auf Julius folgte wurde in Augustus umbenannt.
Es ist bekannt, dass er in Ägypten und überall sonst in seinem Reich Volkszählungen durchführte. (Lk. 2, 1) Die Ergebnisse dieser Zählungen dienten als Grundlage für die Erhebung von Steuern. Im Jahre 14 n. Chr. erkrankte Augustus schwer und starb kurz darauf.

(11, 21) Die Thronfolge trat Tiberius an. Das Augenmerk wird hier darauf gerichtet, wie dieser Mann an die Macht kam. Das Urteil über einen Herrscher könnte nicht schlechter sein. Tiberius war kein leiblicher Nachkomme des Augustus, sondern der Sohn eines Priesters, der von Livia, der dritten Frau des Augustus, mit in die Ehe gebracht worden war. Obwohl Augustus ihn nicht ausstehen konnte, musste er ihn aus Gründen der Erbfolge adoptieren und damit zum Thronanwärter machen.

Verschiedene römische Geschichtsschreiber haben ein düsteres Persönlichkeitsbild von Tiberius gezeichnet. Selbst wenn man nicht alles davon für bare Münze nehmen kann, wirft es doch ein bezeichnendes Licht auf diesen Herrscher und entspricht in etwa dieser Beurteilung.

(11, 22) Tiberius wollte sich an dem Germanenführer Arminius rächen. Dieser hatte drei römische Legionen vernichtet. Das wollte Tiberius ihm heimzahlen, was ihm auch gelang. Er führte auch noch einige andere Kriege gegen die „Barbaren" und schlug einen Aufstand in einer seiner Provinzen blutig nieder. Tiberius veranlasste die Religionsverfolgung der Judäer in Rom. Auch seine Landpfleger folgen seinem Beispiel. Unter diesem Druck waren der Psalter und das Buch David am meisten beliebt. Levitenchöre und die Auslegungen Daniels der Schriftgelehrten bereiteten somit einen fruchtbaren Boden für die Botschaft Johannes des Täufers, der auf den Messias und den wahren Fürsten des heiligen Bundes hinwies.

Der Nachsatz „dazu auch der Fürst des Bundes" deutet eindeutig auf Tiberius hin. Die Mitregentschaft Tiberius mitgerechnet fing Johannes im fünfzehnten Jahr an zu Taufen. Etwa vier Jahre später, im neunzehnten Regierungsjahr, starb der Fürst des Bundes auf Golgatha.

Die Wendung „Fürst des Bundes" ist in besonderer Weise mit Daniel 9, 24-27 verbunden, wo „ein Gesalbter, ein Fürst" einen starken Bund mit vielen schließt. Sonst steht für Fürst im Hebräischen das Wort sar, hier wird dagegen der Begriff nagid . Jesus von Nazareth erfüllt einen Teil dieser Prophezeiung. Somit kann der chronologische Anhaltspunkt, im ersten Jahrhundert n. Chr. eingeordnet werden.

Tiberius erkrankte und am 16. März 37 n. Chr. fiel er in eine so tiefe Ohnmacht, dass er für tot galt. Zum schrecken aller begann er wieder aufzuwachen. *„Marco allein wusste sich zu fassen, eilte in das Sterbezimmer, entfernte die Anwesenden und erstickte mit fester Hand den halb Entseelten. ... Alle Welt in Rom atmete tief auf, als die große Kunde eintraf, dass das finstere und freudlose Prinzipat des harten Greises von Capri zu ende gegangen sei.*" (Onken II. 190)

(11, 23) Die Verse 14 bis 23 bietet einen Zeitlichen Überblick vom Anfang Roms, dass in Asien Fuß fasste, bis es unter Tiberius den Gipfel seiner Macht erreichte und den „Fürsten des Bundes zerbrach".

An diesen Punkt gibt es einen Rückblick auf die Geschichte Israels. Zuerst verband sich Rom mit Israel durch ein Bündnis mit den Makkabäern (161 v. Chr.). Da die Makkabäer von den syrischen Königen schwer bedrängt wurden, schickten sie eine Gesandtschaft nach Rom, um mit den Römern einen Bund zu schließen. (Makk. 8; Josephus XII Kap.10) *„Senatsbeschluss über das Bündnis und die Freundschaft mit dem Volk der Juden. Es soll keiner aus den römischen Gebieten mit dem Jüdischen Volk Krieg führen, noch dessen Feinden mit Getreide, Schiffen oder Geld an die Hand gehen. Wenn jemand die Juden angreifen sollte, so sollen ihnen die Römer nach allen Kräften Hilfe leisten.*

Ebenso sollen, wenn die Römer von jemanden überfallen werden, ihnen die Juden zu Hilfe kommen. .... ." Dieses Dekret wurde von Eupolemus, dem Sohn Johannis und Jason dem Sohne Elezars geschrieben, zur Zeit als Judas Hoherpriester des Volkes und Simon, dessen Bruder, Feldherr der Armee war.

Dieser Bund gewährte den Makkabäern ihre Selbstständigkeit zeitweilig zu behaupten. Trotz alle dem wurde Israel „mit geringem Volk" dem Römischen Reich eingegliedert.

(11, 24) In den vorhergehenden Jahrhunderten hatte bei allen Eroberungen das Schwert die Hauptrolle gespielt. Das Verfahren Roms war ein Meisterstück der Politik und der Diplomatie in Verbindung mit kriegerischen Aktionen. Mit kluger Umsicht knüpfte Rom Freundschaftsbanden um seine Feinde zu teilen. Im passenden Augenblick überfielen sie dann jedes Volk und bediente sich der besiegten Nation, um wieder andere zu verderben. Dieser Zustand konnte nur solange dauern, wie Rom den Anschein vortäuschen konnte, uneigennützig handeln zu wollen. Es kam aber die Zeit, wo Rom die Maske ab fiel und seine Herrschsucht zum Vorschein kam.

Ein weiterer Unterschied ist, dass sich Rom die eroberten Gebiete erst nach und nach einverleibte und nicht wie die früheren Weltreiche das vollständige Reich zu einer Provinz machten. Bei der Eroberung wurden die belohnt, die ihre Städte an Rom verraten hatten. Die, die Treu geblieben waren wurden Beute der römischen Steuerbeamten.

Im allgemeinen Sinn währe „eine Zeitlang" bis zum Verfall Roms. Im Prophetischem Sinne ein ganzes Jahr, also 360 Tage (Jahre), die vom Bündnis mit Israel bis zum Anbruch des Verfall reichen.

25 Und er wird seine Macht und sein Herz wider den König gegen Mittag erregen mit großer Heereskraft; Da wird der König gegen Mittag gereizt werden zum Streit mit einer großen, mächtigen Heereskraft; aber er wird nicht bestehen, denn es werden Verrätereien wider ihn gemacht. 26 Und eben die sein Brot essen, die werden ihn helfen verderben und sein Heer unterdrücken, daß gar viele erschlagen werden. 27 Und beider Könige Herz wird denken, wie sie einander Schaden tun, und werden an einem Tische fälschlich miteinander reden. Es wird ihnen aber nicht gelingen; denn das Ende ist noch auf eine andere Zeit bestimmt. 28 Darnach wird er wiederum heimziehen mit großem Gut und sein Herz richten wider den heiligen Bund; da wird er es ausrichten und also heim in sein Land ziehen.

(11, 25) Dies ist die Schilderung des Entscheidungskampfes zwischen Rom und Ägypten, der schon in den Versen 17 ff. beschrieben wird.

(11, 27) Antonius und Octavian sind hier gemeint. Zwischen beiden bestand nie eine Freundschaft, sondern eher ein Bündnis politischer Spekulationen. Antonius fiel in Missstimmung in Rom durch verschiedene Fehlgriffe. Auch verband er sich mit Kleopatra und erklärte den Sohn von Cäsar als rechtmäßigen Erben.

Octavian erhielt vom Römischen Senat freie Hand gegen Antonius vorzugehen. In einer Seeschlacht bei Actium kam es am 2. September 31 v. Chr. zur Entscheidung. Antonius verlor seine engsten Berater an Octavian.

Es folgte der Herrscher von Paphlagonien mit Römischen und galatischen Truppen, auch Kleopatra ließ ihn im Stich. Antonius folge ihr und da er nicht zum Heer zurückkehrte übergab sich das Landheer ohne Kampf an Octavian. Die Länder Arabien, Asien, Syrien gingen mit ihren Streitkräften zu Octavian über.

Ranke (s.391) *„Die Weltgeschichte wird den Antonius nie ganz vergessen können. Er war der erste, der die Idee anregte; Die Trennung des Römischen Reiches in zwei, doch wieder zusammengehörige Hälften; eine Idee, der eine gewisse Notwendigkeit innewohnt und die eigentlich erst beim aufkommen des Osmanischen Reiches veranlasst worden ist."* Antonius regte die Idee der Trennung des Römischen Reiches in zwei Teilreiche an und 260 Jahre später wurde dies (330n. Chr.) verwirklicht, indem Kaiser Konstantin seine Residenz von Rom nach Konstantinopel verlegte.

(11, 28) Der erste Heimzug erfüllte sich, als Augustus (Oktavian) 29 v. Chr. als Sieger und Alleinherrscher nach Rom zurückkehrte. Er brachte einen so reichen Schatz mit, dass der Zinssatz von 12 % auf 4 % sank. Die Kinder der Kleopatra und des Antonius wurden beim Triumphzug in Ketten vorgeführt.

In Palästina loderte die Wut der Juden, angefacht durch die Habgier Roms hoch. Die Juden ermordeten alle Römer in Israel (66 n. Chr.) die sie habhaft werden konnten. Ein unter Cestius gegen Jerusalem gesandtes Heer musste sich unter großen Verlusten zurückziehen. Für die Christen, die auf die Warnung Jesu achteten, flohen nach Pella, wodurch sie alle bewahrt wurden. Nero sante 67 n. Chr. Vespasian nach Israel, der eine Feste nach der anderen einnahm.

Vespasian wurde durch die Absetzung Neros selbst Kaiser von Rom. Er überließ seinem Sohn Titus das Kommando, der im April 70 n. Chr. Jerusalem mit 80000 Mann umschloss. Da die Umschließung gerade auf Passah fiel, befanden sich etwa eine Mill. Menschen in der Stadt. Alle natürliche Liebe wich infolge der Hungersnot. Eltern verzehrten ihre eigenen Kinder und wer aus Jerusalem zu fliehen versuchte, wurde vor der Stadt gekreuzigt. Etwa 600000 Leichen sollen über die Stadtmauer geworfen worden sein. Christi Blut kam nun über das verstockte Judenvolk und seine Kinder. (Matth. 27, 25) Josephus bemerkt: *„Keine Stadt hat je so viel gelitten, es war aber auch kein lasterhafteres Geschlecht auf Erden als dies."* Eine Mauer nach der anderen wurde gestürmt, schließlich auch der Tempel. Titus befahl seinen Soldaten den Tempel zu schonen, aber einige warfen Feuer hinein. Alle Löschversuche schlugen fehl. Der Tempel musste zugrunde gehen, denn in Matth. 24, 2 hatte Christus dies selbst bezeugt. Rom hatte sein Ziel erreicht, Jerusalem wurde völlig zerstört und das Judenvolk (3. Mose 26, 33-40) in alle Welt zerstreut.

Titus zog nach Rom, wo er in einem glänzendem Triumphzug empfangen wurde. Die Wegführung der heiligen Tempelgefäße wurde auf dem Triumphbogen verewigt, der noch teilweise erhalten ist.

29 Darnach wird er zu gelegener Zeit wieder gegen Mittag ziehen; aber es wird ihm zum andernmal nicht geraten wie zum erstenmal. 30 Denn es werden Schiffe aus Chittim wider ihn kommen, daß er verzagen wird und umkehren muß. Da wird er wider den heiligen Bund ergrimmen und wird's nicht ausrichten; und wird sich umsehen und an sich ziehen, die den heiligen Bund verlassen. 31 Und es werden seine Heere daselbst stehen; die werden das Heiligtum in der Feste entweihen und das tägliche Opfer abtun und einen Greuel der Verwüstung aufrichten. 32 Und er wird heucheln und gute Worte geben den Gottlosen, so den Bund übertreten. Aber die vom Volk, so ihren Gott kennen, werden sich ermannen und es ausrichten. 33 Und die Verständigen im Volk werden viele andere lehren; darüber werden sie fallen durch Schwert, Feuer, Gefängnis und Raub eine Zeitlang. 34 Und wenn sie so fallen, wird ihnen eine kleine Hilfe geschehen; aber viele werden sich zu ihnen tun betrüglich. 35 Und der Verständigen werden etliche fallen, auf daß sie bewährt, rein und lauter werden, bis daß es ein Ende habe; denn es ist noch eine andere Zeit vorhanden.

(11, 29) Die Prophetische Zeit von 360 Jahren aus dem Vers 24 lief im Jahre 330 n. Chr. ab. Am 11. Mai 330 fand die feierliche Einweihung Konstantinopels als neue Reichshauptstadt statt. Dies war der Auftakt zum Untergang des römischen Keiserreiches. Konstantins drei Söhne teilten das Reich unter sich auf. Konstantinus und Konstans bekämpften sich in einem Krieg wodurch Konstans zum Alleinherrscher des Westens wurde. Konstantius kämpfte gegen den Germanen Magnentius, der sich selbst zum Keiser erheben wollte.
Die nordischen Barbaren begangen ihre Raubzüge. Die Kraft des römischen Reiches war im Osten gebündelt, sodass das westliche Reich 476 eine leichte Beute der germanischen Stämme wurde. So war diese Bewegung Roms nach Süden (Verlegung des Regierungssitzes) nicht nur anders, sondern endete in immer größeren Niederlagen.

(11, 30) Chittim wurde bereits in 1. Mose 10, 4 ; Jes. 23, 1 ; Jer. 2, 10 ; Hes. 27, 6 erwähnt und bezeichnet im weiteren Sinne die Inseln und Küstenländer des Mittelmeers. Seit dem Fall Karthagos besaßen die Römer die Herrschaft zur See, als aber 429 die Vandalen unter Geiserich nach Nordafrika kamen, gründete er nicht nur ein neues Reich, sondern auch eine gewaltige Seemacht. Mit dieser Flotte eroberte er nicht nur die Inseln im Mittelmeer, sondern erschien plötzlich (455) an der Mündung der Tiber (vor Rom). Der neue Keiser wurde beim Fluchtversuch gesteinigt und Geiserich nimmt Rom ohne Mühe ein. Bischof Leo erhielt das Versprechen, dass Rom von Feuer uns Schwert verschont bleiben soll, dafür wurde es aber zwei Wochen lang gründlich ausgeplündert. Unter den geraubten Kostbarkeiten befanden sich die heiligen Tempelgeräte, die Titus von Jerusalem mitgebracht hatte.

Kaiser Majorian rüstete 460 eine Flotte von 300 Galeeren gegen Geiserich aus. Auch der oströmische Keiser Leo gab 113 Schiffe dazu. Rom musste vor Geiserich umkehren, denn er verbrannte einen großen Teil der Flotte.

An die Stelle des Heidentums war nun das Christentum als Staatsreligion getreten. Die Hauptaufgabe der römischen Bischöfe war es in den eingerufenen Konzilien einander zu richten und als Ketzer zu verdammen. Um aber die Herrscher für die Kirche zu gewinnen, bedienten sie sich der Schmeicheleien um ihre „Edikte gegen die Ketzer“ durchzusetzen. Theodosius erließ Gesetze welche das Verbrechen solcher Christen bedrohte, „*die es wagten, Gott in einer anderen Weise zu verehren, als die despotische Kirche*“ (Onken II, 819)

So wurde jeder nichtkatholischen Gottesdienstes verboten und bei Übertretung wurden diese Verbannt und ihre Güter eingezogen.

Laut dem 29. Kanon des Konzils zu Laodizea wurde beschlossen, dass die Christen am Sabbat arbeiten sollten. Anderenfalls sollten sie von Christus ausgeschlossen werden. (Hefele I, 767)

(11, 31) Diese Stelle ist im Thema identisch mit Daniel 8, 11-12. Das päpstlichen Rom wird das Heiligtum entweihen (Heiligtumsdienst Christi im himmlischen Tempel), den wahren Gottesdienst abschaffen und an dessen Stelle den Verwüstungs-Gräuel aufzurichten.

Dies ist dem Papsttum auf folgende Weise gelungen:

- Durch die Verlegung der Kaiserlichen Residenz von Rom nach Konstantinopel (330) wurde der Weg frei für einen Bischof - König.
- Durch die Bekehrung der Franken unter Chlodwig (481-511) festigte sich das „Christentum“ nach katholischer Art.
- Durch die Anerkennung der päpstlichen Oberherrschaft von oströmischen Kaiser (511) spaltete sich das römische Reich in ein Kaiserliches und ein Päpstlichs.
- Durch die Niederwerfung der arianischen Herrschaft in Rom (538) wurde die katholische Religion durch den Papst zur Staatsreligion, die keine andere Macht neben sich duldet.

496 ließ sich der Frankenkönig Chlodwig taufen. Dieses Ereignis war ein weiterer Höhepunkt in der Geschichte des steigenden Einflusses des Papsttums in Europa. Obwohl die Hände Chlodwigs nach seiner angeblichen Bekehrung vom Blut seiner eigenen Verwandten tropften, verlieh ihm der Papst den Titel „Ältester Sohn der Kirche“. Dieser Titel wurde 1400 Jahre lang an seine Nachfolger vererbt. Durch diesen Akt wurde dem Papsttum ein Zentralen Punkt geschaffen, um gerade in der Zeit, als die römische Kirche den Untergang nahe stand, diese zu stärken. Kardinal Baronius schilderte es so; „ *... und brachten nicht nur bloße Geschenke von ihren irdischen Schätzen, sondern ihre Reiche selbst, um sie aus ihren Händen (Papsttum) zurückzuerhalten.*“

„*Die Synode Palmaris, die in Rom am 23. Oktober 501 abgehalten wurde fasste den Beschluss, dass sie (die Bischöfe) wegen der hohen Autorität des Apostel Petrus nicht wagen, den Papst zu richten, sondern das Gericht Gott allein überlassen. Ennodius von Mailand und Avitus von Bienne verteidigten diesen Beschluss.*“ (Dölliger, Papsttum S.23) Aus dieser Zeit stammt auch der Gebrauch des Namens Papa oder Papst als ausschließlicher Ehrentitel des römischen Bischofs.

Auch der Keiser des Ostens, Anastasius musste seinen Nacken unter den eisernen Fuß des römischen Papstes 511 beugen. Am 1. September 518 erkannte das oströmische Reich, unter Justinus I. den römischen Bischof als das gemeinsame Oberhaupt an. Im Glaubensbekenntnis von 519, die vom vatikanischen Konzil wird mit folgenden Worten die Unfehlbarkeit des päpstlichen Stuhles beschrieben: „*Weil in dem apostolischen Stuhle die Wahrheit immer unbefleckt bewahrt worden ist ... weil in ihm die Einheit der christlichen Religion ganz und wahrhaft ruhe*“ (Hefele II, 637). Im März 533 sandte der oströmische Keiser Justinian einen längeren Brief an den Papst „ ... *Deshalb haben wir uns beeilt, alle Priester des gesamten orientalischen Gebietes dem Stuhle Eurer Heiligkeit sowohl zu unterwerfen als auch damit zu verbinden. Denn wir können nicht dulden, dass irgend etwas, was sich auf die Stellung der Kirche bezieht, sei es auch noch so offenbar und zweifelhaft, geschehe, ohne das Eure Heiligkeit, welche das Haupt aller Kirchen, davon in Kenntnis gesetzt wurde. Denn durch alles (wie bereits erklärt) beeilen wir uns, die Ehre und Autorität Eures Stuhles zu vergrößern.*“

Nach dem Übertritt der nordischen Barbaren zur römischen Kirche kam es schnell zur Verehrung von Heiligen. „*Die Christen des siebenten Jahrhunderts waren unmerklich in den Schein des Heidentums zurückgesunken; ihre öffentlichen und geheimen Andachten waren an Reliquien und Bilder gerichtet. Der Thron des Allmächtigen wurde durch eine Wolke von Märtyrern, Heiligen und Engeln, den Gegenständen der Volksverehrung, verdunkelt. Von allen Seiten wurde darauf hin gearbeitet, den Glauben der Christen von dem Unsichtbaren abzulenken und auf das Sichtbare zu richten; aus Glauben wurde Aberglauben.*“ (Gibbon Kap. 38)

Als Keiser Leo III. gegen den Bilderdienst eiferte, schrieb Papst Gregor (ca. 750) folgendes: „*Weißt du nicht, dass die Päpste das Band der Vereinigung, die Mittler des Friedens zwischen dem Osten und Westen sind? Die Bliche der Nationen sind unserer Demut zugewendet und sie Verehrern als einen Gott auf Erden den Apostel Petrus, dessen Bild du zu zerbrechen drohst. Die fernen und inneren Königreiche des Westens bringen ihre Huldigungen Christus und seinem Stellvertreter dar. ... Die Barbaren haben sich dem Joche des Evangeliums unterworfen, während du allein taub bist gegen die Stimme des Hirten. Diese frommen Barbaren sind zur Wut entflammt; sie dürsten, die Verfolgung des Ostens zu rächen. Gib dein verwegenes und verderbliches Beginnen auf; denke nach, zittere und bereue. Wenn du beharrst, sind wir an dem Blute, das in dem Kampfe vergossen werden wird, unschuldig; möge es auf dein Haupt fallen!*“ (Gibbon, Kap. 49)

Ein Beispiel für den falschen Gottesdienst der durch Zwang stattfand, gibt folgender Text von Dr. Th. Zahn (S. 42) wieder: „*Den Gesetzgebern der Germanischen Staaten war es vorbehalten, die unbändigen, noch halb im Heidentum steckenden Völker durch harte Strafen zu einer Feier des Sonntages zu zwingen, deren Hauptstück die Unterlassung der Arbeit war.*“

Andererseits suchte die kath. Kirche die Heiden so schnell wie möglich für das äußere Bekenntnis des Christentums zu gewinnen, ohne ihnen Unterricht zu geben und sie ohne innere Umwandlung zu Christus zu bekehren. Der einzige Wechsel bezog sich auf die Namen der Gottheiten, zu deren Ehren die alten Gebräuche, unmerklich verändert, fortlebten. Papst Gregor schrieb an Augustin (601) *„Wo es die Gewohnheit unter den Sachsen mit sich bringt, dass sie eine Menge Ochsen schlachten und sie den Teufeln opfern, da musst du diese Gewohnheit nicht abschaffen, sondern nur ein neues Fest anordnen, wenn entweder neue Kirchen einzuweihen oder Geburtstage der Heiligen, deren Reliquien allda liegen, zu feiern sind. An solchen Tagen kann den Sachsen erlaubt werden, Bäume um die in Christlichen Kirschenverwandelten Tempel zu pflanzen, ihre Ochsen zuschlachten, und alles so zu tun, als da sie noch Heiden gewesen.*“ (Gregor epist. Lib.9, c. 71)

Myconius (ein Mitarbeiter Luthers) schildert in seiner Geschichte der Reformation: *“Christus war ein strenger, überall zu verdammen bereiter Richter, wenn man die Fürbitte der Heiligen oder den Ablass der Päpste versäumte. An seiner Stelle erschienen als Vermittler erst die Jungfrau Maria, wie die Diana des Heidentums, dann Heilige, deren Verzeichnis die Päpste immer vergrößerten. ... Man musste Tag und nacht singen und schreien; es gab so viele Wallfahrtsorte, als Berge, Wälder und Täler. Aber mit Geld konnte man diese Strafen abkaufen.“*
„Dann erschallte der Gesang, die Glocken klangen, Weihrauch füllte das Heiligtum, Opfer wurden gebracht, Kirchen waren voll, Gläser stießen an, und Messen beendigten und bedeckten alle diese frommen Werke. Die Bischöfe predigten nicht, aber sie weihten die Priester, die Glocken, die Mönche, die Kirchen, Kapellen, Bilder, Bücher und Gottesacker, und das brachte viel ein. Knochen, Arme, Füße waren in silbernen und goldenen Kasten bewahrt, man reichte sie während der Messe zu küssen, auch dies war sehr einträglich.“
„Das Königreich, der Himmel, war verschwunden, und Menschen hatten auf Erden einen schimpflichen Markt errichtet.“ (D'Aubine´ I, 46)

(11, 32) Die teilweise Abgefallenen sollen durch Verführung zum vollen Abfall verleitet werden. Das Wort „jachaniph“ bedeutet »entweihen, zu Heiden machen, zum Abfall bewegen«. Rom machte durch seine Weg, die Heiden zu Halbchristen zu machen und wiederum die Christen zu Halbheiden zu machen. Durch Einsetzung ergebener Herrscher durch die Päpste und Bischöfe, Verleihung von Titeln und Ehrenämtern waren Roms Mittel, um den Abfall zu vervollständigen.

Aber inmitten des Treuebruches blieben doch noch einige Standhaft und gingen gegen solche Zustände an. In Rom gab es 602 noch solche, die den Sabbat des Herrn hielten und deshalb von Papst Gregor als „Prediger des Antichristen“ bezeichnet wurden. Der Bischof Klaudius von Turin (starb 839) eiferte in der Wahrheit und schrieb: *„Die Kirche ist aber eine doppelte: das eine ist die Braut Christi, das andere der gemischte Haufen und letzterer ist jetzt abgöttischer als die Heiden. Wozu das Kreuz machen? Man trage es lieber Christus nach.*“ (Flathe I S.164)

Später kamen die Waldenser, Albigenser, Passagiere, Gottesfreunde, Wicliften, die böhmisch-mährischen Brüder, ... Sie alle verkündeten die Heilige Schrift, das Evangelium in seiner Einfachheit.

(11, 33) Während Rom die Bibel in den Volkssprachen verbot, konnten manche ganze Teile der Bibel auswendig und scheuten keine Mühe, andere zu unterrichten. Die von den Waldensern verfassten Schriften des 12. Jahrhunderts, zeugen davon wie sehr sie am Bund Gottes festhielten. Sie hielten am Glauben Jesu und den 10 Geboten fest. Sie bewiesen an der Schrift, dass das Papsttum der Antichrist ist. *„Wenn man sich anmaßt, man könnte wiedergebären, Sünden vergeben, die Gaben des Heiligen Geistes austeilen, Christum machen und ähnliches. Das ist der vollendete Mensch der Sünde. ... Da dieser Bösewicht wahrhaft gekommen ist, so darf er nicht erst erwartet werden; ja, er ist schon gealtert und nimmt ab.*“ (Hahn II S. 80)

Gegen die Waffen des Geistes ging Rom mit Schwert, Feuer, Gefängnis und Plünderung vor. Über Verona wurde am 4. November 1184 der Bannfluch und Reichsacht verhängt. Innozenz III. rief einen Kreuzzug gegen die Sektierer (in Südfrankreich) aus und versprach jedem Teilnehmer völligen Sündenerlass zu. Darauf folgten die noch schrecklicheren Inquisitionsgerichte, diese sollten „Tage“ (prophetisch Jahre) lang dauern.

(11, 34) Diese „kleine Hilfe“ waren Calvin in der französischen Schweiz, Luther in Deutschland und Zwingli in der deutschen Schweiz. Das Papsttum wankte in seinen Grundfesten, ganze Länder bekannten sich zum Protestantismus, aber nur zu häufig erwies es sich als *„toter Glaube, eine Rechtgläubigkeit, die wahres gläubiges Leben weder hatte, noch erzeugen konnte.*“ (Redenbacher S.644)

(11, 35) Mit der Reformation war das Papsttum noch nicht zu ende, denn diese sollte bis zum Ende der 1260 Jahre (noch bis 1798) dauern. Die Reformation gewährte etwas Hilfe, aber die Glaubensfreiheit blieb selbst in den protestantischen Ländern eingeschränkt, wie die Geschichte der Mennonieten, Baptisten, Puritaner, ... bezeugt.

Frankreich aber war der Schauplatz des größten nationalen Verbrechens, welches das Papsttum selbst jemals veranlasst und gutgeheißen hat. Das von der berüchtigten Katharina von Medici geplanten und von ihrem schwachen Sohn Karl IX. befohlenen Blutbades der St. Bartholomäusnacht. Tausende von Hugenotten wurden durch das ganze Land ermordet. Papst Gregor XIII. Beglückwünschte den König und ließ eine Gedenkmünze mit der Umschrift “Ugenottorum Strages 1572” (Das Niederwerfen der Hugenotten) prägen. Im Jahre 1681 brachen die schrecklichen Dragonaden aus. Die Dragoner wurden mit dem Losungswort „Sterbt oder werdet katholisch“ in protestantische Gegenden gesandt.

Der Ausbruch der französischen Revolution und dem dadurch verursachten Sturz des Papsttums, ist der Beginn der Endzeit.

36 Und der König wird tun, was er will, und wird sich erheben und aufwerfen wider alles, was Gott ist; und wider den Gott aller Götter wird er greulich reden; und es wird ihm gelingen, bis der Zorn aus sei; denn es muß geschehen, was beschlossen ist. 37 Und die Götter seiner Väter wird er nicht achten; er wird weder Frauenliebe noch irgend eines Gottes achten; denn er wird sich wider alles aufwerfen. 38 Aber anstatt dessen wird er den Gott der Festungen ehren; denn er wird einen Gott, davon seine Väter nichts gewußt haben, ehren mit Gold, Silber, Edelsteinen und Kleinoden 39 und wird denen, so ihm helfen die Festungen stärken mit dem fremden Gott, den er erwählt hat, große Ehre tun und sie zu Herren machen über große Güter und ihnen das Land zum Lohn austeilen.

(11, 36) Hier wird König im Sinne von Königreich, Macht gebraucht. Am Ende der 1260 Jahre fand eine Umwälzung statt. Frankreich, der Schirmvogt der Päpste, stürzte die Päpstliche Oberherrschaft als folge der Gewalttätigen Unterdrückung der Göttlichen Wahrheit.

(11, 37) Diese Umwälzungen beinhalten folgende Kennzeichen.

- Diese Macht handelt nach ihrem Willen.
- Sie missachtet den ihrer Väter.
- Sie erhebt sich, achtet keinen Gott.
- Diese Macht verwirft das Christentum und leugnet das Dasein Gottes.
- Sie redet gräulich wieder den Gott aller Götter.
- Sie achtet nicht auf Frauenliebe, sie verwirft die Ehe und Familie.
- Ihre Vorhaben gelingt, bis alles vollendet ist.

„*Der Revolutionssturm der Jahre 1793-98 zertrümmerte binnen kurzem den großartigen Bau der französisch = katholischen Hierarchie, fegte mit vandalischer Wut Hunderte von Klöstern und an 2000 Kirchen hinweg, trieb an 40000 katholische Adlige und Geistliche, welche den Eid auf die Konstitution von 1791 zuleisten verweigerten, als Emigranten ins Ausland durchzuschlagen. ... Pius VI. musste sein Hand in Handgehen mit den alliierten Mächten wieder Frankreich zuerst durch den Verlust Avignons, dann durch Revolutionierung des Kirchenstaats und Gefangenführung nach Valence büßen, wo er 1799 starb*“ (Zöckler, Handbuch II. 272)

Die Ursache der französischen Revolution sind vor allem im römischen Aberglauben und Despotismus (Gewaltherrschaft) zu suchen. Der Abfall vom Christentum unter dem Schein der Religion zeugte einen zweiten Abfall mit Verwerfung dieses Scheins.

Die Menschenmassen haben sich gegen alle Autorität gewehrt, ob göttliche oder menschliche. Auch der Kommunismus hat in diesem seine Wurzeln. Das Kennzeichen des Unglaubens ist, dass sie „tun den Willen des Fleisches und der Vernunft“ und dieses Freiheit nennen.

Unter dem Vorwand der Freiheit, Gleichheit und Brüderlichkeit verschwanden alle Ehrentitel, Ehrenämter, das Königtum, selbst Straßen und Ortsnamen wurden verändert. Masse, Gewichte und Kalender wurden verändert, Feiertage abgeschafft und schließlich die Vernunft als Gott gegehrt.

(11, 38) Der Gott der Festungen ist die Personifikation des Krieges und beinhaltet folgenden Gedanken: „*Er wird keinen anderen Gott achten, sondern nur den Krieg; die Eroberungen von Festungen zu seinen Gott machen und diesen Gott als das Mittel zur Gewinnung der Weltmacht über alles pflegen. Von diesem Gott, dem Krieg als Gegenstand der Vergötterung, konnte gesagt werden, dass seine Väter ihn nicht kannten, weil kein früherer König den Krieg zum Kultus gemacht hat, dem er alles, Gold, Silber, Edelsteine und Kleinode opferte.*“ (Menzels Weltgeschichte; Buch 5, S.200)

Ohne es zu wollen verschaffte das Direktorium allmählich dem Krieg, durch das System der Eroberungen, das Übergewicht in der Revolution zu geben. Dies endete schließlich in einer Soldatenherrschaft und somit zur Vernichtung aller in der Revolution gewonnenen Freiheiten. Die Hauptperson wurde der Korse Bonaparte, der später zum Soldatenkaiser Napoleon wurde.

(11, 39) Durch die Hilfe seines Gottes, des Krieges handelt er nach Belieben und diejenigen, die ihm Ehre zollten, sich seinem Willen fügten, belohnt er mit Ehre, Länder und Güter.

Frankreich erhob Napoleon zum erblichen Keiser. Die Krönung fand am 2.Dezember 1804 in Paris statt. Der Papst wurde kurz vorher wieder in sein Amt gesetzt. Warum Napoleon dies tat, ergeht aus seinen eigenen Worten: „*Ich verzweifele nicht, durch ein Mittel oder das andere die Leitung dieses Papstes an mich zu bringen, und als dann welch ein Einfluss.*“ (Memorial de St. Helene V , 326) Döllinger schrieb dazu: “*Er wollte den Römische Hof in Paris ansiedeln, ihn zu einer französischen und kaiserlichen Institution machen, sich dadurch seines Einflusses auf alle katholischen Nationen bemächtigen, über die Seelen und über die Leiber herrschen.*“ (Kirche und Kirchen S.547) Dies war es, was der Papst von jeher beabsichtigte und was ihn bewog Napoleon entgegen zu kommen.

Napoleon raubte und mordete durch ganz Europa. Italien und Deutschland waren erst der Anfang, nun sollte auch Russland mit einbezogen werden. „*Mit anderen Worten, er wollte Meister der Welt werden und eine Dynastie gründen, vor der alle anderen sich beugen mussten.*“ (Ranke, Weltgeschichte IX S.227) Aber Moskau, Leipzig und Waterloo und seine Verbannung nach St. Helena, wo er am 5.Mai 1821 starb, waren die Gerichte Gottes, der die Weltgeschichte lenkt.

40 Und am Ende wird sich der König gegen Mittag mit ihm messen; und der König gegen Mitternacht wird gegen ihn stürmen mit Wagen, Reitern und vielen Schiffen und wird in die Länder fallen und verderben und durchziehen 41 und wird in das werte Land fallen, und viele werden umkommen. Diese aber werden seiner Hand entrinnen: Edom, Moab und die Vornehmsten der Kinder Ammon. 42 Und er wird seine Hand ausstrecken nach den Ländern, und Ägypten wird ihm nicht entrinnen; 43 sondern er wird herrschen über die goldenen und silbernen Schätze und über alle Kleinode Ägyptens; Libyer und Mohren werden in seinem Zuge sein. 44 Es wird ihn aber ein Geschrei erschrecken von Morgen und Mitternacht; und er wird mit großem Grimm ausziehen, willens, viele zu vertilgen und zu verderben. 45 Und er wird den Palast seines Gezeltes aufschlagen zwischen zwei Meeren um den werten heiligen Berg, bis es mit ihm ein Ende werde; und niemand wird ihm helfen.

(11, 40) Nach einer langen Zwischenpause erscheint der König des Südens und des Nordens wieder auf der Bildfläche und zwar um die Endzeit (und am Ende der Endzeit). Die Endzeit beginnt mit dem Fall des Papsttums 1798. Das Südreich ist Ägypten (Daniel 11, 8) und das Nordreich Thrazien mit der Hauptstadt Byzanz (Konstantinopel). Seit 1453 gehört diese Region zum Osmanischen Reich (der heutigen Türkei). Napoleon zog am 1. Juli 1798 gegen Ägypten. Am 21. Juli 1798 war die Entscheidungsschlacht bei den Pyramiden. Die Truppen Ägyptens wurden völlig zersprengt und nur zwei Tage später zog er in Kairo ein.

Am 4. September 1798 erfolgte die türkische Kriegserklärung mit den Worten *„mit einer ganz beispiellosen Verachtung des Völkerrechts mit Gewalt gegen Ägypten, die kostbaren Provinzen und den Schlüssel der heiligen Städte Medina und Mekka überfallen zu haben.*" Zu Land zog der Großwehzier Jussuf Pascha mit aller Macht des Türkischen Reiches gegen die französischen Eindringlinge. Zu Wasser aber bedrängten sie viele Schiffe der verbündete Flotte, der Engländer, Türken und Russen. Im Februar eroberte er El Arisch, Gaza, Jaffa. Die Engländer schnitten ihm den Nachschub ab und plünderten seine Schiffe aus. Am 20. Mai 1799 musste Napoleon den Rückzug antreten.

(11, 41) Syrien und „das Werte Land" wahren unter der Herrschaft Ägyptens bis Djezzar Pascha ihnen die Herrschaft streitig machte. Palästina wurde Kriegsschauplatz der Kämpfe. Anders verhielt es sich mit den „Erbfeinden" Israels. Edom Moab und Ammon waren in Erfüllung von Jeremia 49, 13-29 und Zephenja 2, 9 schon längst zur Wüste geworden. Es war zum Land der Beduinen geworden und sie bewahrten ihre Unabhängigkeit (1. Mose 16, 12-16)

(11, 42) Am 25. Juli 1799 vernichtete Napoleon das bei Abikur gelandete türkische Heer. Von der bedrohlichen Lage in Paris unterrichtet, übergab er den Oberbefehl an Kleber und fuhr heimlich nach Frankreich, um die Diktatur an sich zu reißen. Kleber wurde Opfer eines fanatischen Mörders, infolgedessen wurden die Franzosen im September 1801 gezwungen, Ägypten zu räumen, dass dann dem Osmanischen Reich zugesprochen wurde.

(11, 43) Ägypten musste dem Osmanische Reich Tribut leisten. Mehemed Ali nötigte mit Hilfe der Mameluken die Engländer zum Abzug. Als Dank ließ er sich zum Vizekönig von Ägypten ernennen. Mehemed Ali riss das Nilland unter sich und befreite Mekka und Medina wieder.

Die Libyer und Kuschiten erscheinen bereits in Hesekiel 30, 4 und Nahum 3, 9 im Gefolge Ägyptens. Die Westlich von Ägypten und dem Sudan liegende Wüste wird heute noch Libysche Wüste genannt. Kusch oder Mohrenland ist das obere Nilland, Äthiopien, Nubien, der heutige Sudan.

Durch die neugeschaffene Armee *„wurden nacheinander Nubien, Sennar, Dogola und Darfur unterworfen*" (Rosen I. S.133)

(11, 44) Russland und Frankreich wollten sich die Welt aufteilen. Zar Alexander I. wollte Frankreich den Hauptteil des europäischen Osmanische Reiches, Syrien und Ägypten überlassen, wenn ihm nur Konstantinopel bliebe. Schon in den Verhandlungen in Tilsit ging Napoleon die Geduld aus, er *„setzte den Finger auf der vor ihm liegenden Karte auf Konstantinopel und sagte mit sichtlicher Aufwallung Alexander geradezu ins Gesicht: Konstantinopel! Konstantinopel werde ich nie einräumen; denn das ist die Herrschaft der Welt.*" (Zinkeisen VII.516)

Das Osmanische Reich kam nicht zur Ruhe, orthodoxe Untertanen begannen mit blutigen Aufständen. Rebellische Janitscharen bedrohten Konstantinopel. Er musste sein eigenes Fußvolk im Juni 1826 vernichten lassen und gegen die Griechen erbat er sich ein ägyptisches Heer. Dem russischen Ultimatum zugunsten der Donaufürstentümer musste er sich fügen. Im September 1826 kam es zum Frieden von Adrinopel und Griechenland wurde unabhängig.

(11, 45) Hier ist Jerusalem gemeint. Es liegt zwischen zwei Meeren (Mittelmeer und Tote Meer). Um den werten heiligen Berg, der Tempelberg (Zion). Mit „er" sind die Reiche des Mittags (Ägypten) und der Mitternacht (Türkei) sowie den Eigenwilligen König (das wieder erstarkte Papsttum mit seinen Hurenkirchen).

Jerusalem ist zu einem „Hauptsitz" der Christen, Juden und Mohammedanern geworden. Diese Religionsgemeinschaften haben riesige Bauten, alle richten ihre Schritte nach der selben Stätte, weil ihre heiligsten Erinnerungen an ihr haften. Wie heilig dem Islam Jerusalem ist zeigt sich in der El-Aksa Moschee. Omar errichtete sie auf dem Tempelberg, so wurde diese Moschee neben Mekka und Medina eine der heiligsten Stätten für den Moslem. Sie glauben, dass der Felsendom aus dem Paradies stammt. Von hier aus soll der Prophet gen Himmel gefahren sein und dann wird er zurückkommen, um alle Moslems zu befreien und die Ungläubigen richten. Der Israelit sieht hier den Mittelpunkt der Erde und den Bergungsrot der Bundeslade. Katholiken und Orthodoxe küssen die Felsen der Grabeskirche als ihr Heiligstes, was sie nicht hindert sich darum zu streiten. Protestanten nennen Gethsemane und den Ölberg „heilig" und Golgatha „allerheiligst".

In der Endzeit, wenn nach Hesekiel 39, 4 unter Gog und Magog sich die Völker der Erde zum Kampf auf den Berg Israels sammeln, wird der Streit seinen Höhepunkt erreichen. Auch der Islam erwartet einen derartigen Endkampf. *„Nur weil man erwartet, dass im Jenseits die Herrschaft auf den Islam übergeht, erträgt man das christliche Regiment vorläufig noch. Dem Endgericht geht der letzte Heilige Krieg voraus, in welchem Mohamed alle Ungläubigen vernichtet, dann tritt er seine Herrschaft an.*" (Islam und Christentum S. 151) Der letzte Kampf steht noch aus, an dem sich die Könige des Ostens beteiligen werden.
Es ist ein Kampf um die Weltherrschaft. *„Weltkrieg heißt ein Kampf um die Weltherrschaft. Vor Gott ist es ein Kampf um die Gottesherrschaft. Denn die Weltherrschaft ist schon vergeben durch das Wort des Allmächtigen. `setze dich zu meiner Rechten, bis dass ich lege deine Feinde zum Schemel deiner Füße.'*"

Warum die Überschrift *„Die Weltreiche bis zu Antiochus Epiphanes"* nicht stimmen kann.

Gemeint ist Antiochus IV. (Epiphanes) der griechische König Syriens (175-163 v. Chr.). Um einen „Streit" mit einigen Bibelausleger aus dem Weg zu gehen, die meinen das „kleine Horn" stehe symbolisch für einen einzelnen Herrscher werden hier einige Gründe aufgezeigt, warum Antiochus IV. (Epiphanes) nicht das in Daniel 8 beschriebene „kleine Horn" sein kann.

Innerhalb dieser Vision vergrößert sich die Macht von Königreich zu Königreich. Der persische Widder „wurde groß" (Vers 4). Der griechische Ziegenbock „wurde sehr groß" (Vers 8). Das „kleine Horn" schließlich „wuchs bis an das Heer des Himmels [...] bis zum Fürsten des Heeres" (Verse 10-11). Dieser Machtzuwachs trifft für das Römische Reich insgesamt zu, aber nicht für einen einzelnen König.

Antiochus Epiphanes (175-163 v. Chr.) regierte in Syrien ungefähr in der Mitte der seleukidischen Dynastie, die von 301 v. Chr. bis 64 v. Chr. bestand. Er war der siebente der 27 Könige dieser Dynastie. Die Macht des „kleinen Horns" allerdings sollte „gegen Ende ihrer Herrschaft" (Vers 23) aufkommen, d. h. gegen Ende der Periode, in der die vier griechischen Teilreiche existierten. Im Gegensatz zu Antiochus trat Rom am Ende dieser Epoche auf und eroberte eins der Reiche nach dem anderen.

Griechenland	168 v. Chr.
Kleinasien	133 v. Chr. (durch Erbschaft)
Syrien	64 v. Chr.
Ägypten	31 v. Chr.

Von daher treffen die Merkmale der Vision auf Rom zu, nicht aber auf Antiochus Epiphanes.

Es muss beachtet werden, was in der Vision über die Richtung der Eroberungszüge ausgesagt wird. Das „kleine Horn" sollte „nach Süden, nach Osten und nach dem herrlichen Land hin" (Vers 9) siegreiche Schlachten schlagen. Antiochus IV. war nach Süden hin mit seinen Angriffen relativ erfolgreich. Im Jahre 169 v. Chr. eroberte er die östliche Hälfte des ägyptischen Deltas. Ein Jahr später versuchte er, seine Landgewinne in Ägypten auszuweiten, doch ein römisches Ultimatum zwang ihn, Ägypten für immer zu verlassen. Im Osten konnte Antiochus zwar Anfangserfolge verbuchen, fiel dann aber wenig später im Kampf. Auch sein Griff nach dem „herrlichen Land" entsprach nicht dem, was in der Prophezeiung angekündigt worden war. Als er den Thron bestieg, gehörte die Provinz Judäa zu seinem Reich.

Antiochus war jedoch ein fanatischer Hellenist und wollte den Juden gewaltsam die griechische Kultur überstülpen. Das beschwor blutige Konflikte herauf und führte schließlich dazu, dass sich die Juden vom syrischen Joch befreiten.

Im Gegensatz zu den Aussagen der Vision konnte Antiochus Epiphanes das „herrliche Land“ nicht besiegen. Sein blutiger Kampf gegen die jüdische Religion und Kultur war vielmehr Schuld daran, dass er die Herrschaft über diese Provinz sogar verlor. Im Gegensatz dazu war Rom in jeder der beschriebenen Richtungen höchst erfolgreich. So trifft auch dieses Merkmal auf Rom zu, nicht aber auf Antiochus Epiphanes. Deshalb vertrete ich den Standpunkt, dass mit dem „kleinen Horn“ in Daniel 8 Rom gemeint ist.

Daniel 12

Daniel 12 ist der Schluss der detaillierten Vorhersage, die mit Daniel 10 eingeleitet und in Daniel 11 mit dem persischen Reich begonnen wurde. Dieses Kapitel endet mit der Wiederkunft Jesu. Als das Buche Daniel in Kapitel und Verse aufgeteilt wurde, machte man ausgerechnet hier einen Abschnitt. Das erweist sich heute vom Zusammenhang her als völlig unnötig. In diesen Versen wird berichtet, wie Gott auf die Taten des Nordkönigs während der Zeit des Endes reagiert (Daniel 11, 40-45). Die Wendung „zu jener Zeit“ (Daniel 12, 1) verknüpft die letzten Geschehnissen, mit denen die in Daniel 11 berichtet wurden. Der König des Nordens nimmt ein Ende und niemand kann ihm helfen, weil sich Michael aufmacht, für Gottes Volk zu streiten und die Königsherrschaft zu übernehmen.

Die Weissagung wird versiegelt

1 Zur selben Zeit wird der große Fürst Michael, der für die Kinder deines Volkes steht, sich aufmachen. Denn es wird eine solche trübselige Zeit sein, wie sie nicht gewesen ist, seitdem Leute gewesen sind bis auf diese Zeit. Zur selben Zeit wird dein Volk errettet werden, alle, die im Buch geschrieben stehen. 2 Und viele, so unter der Erde schlafen liegen, werden aufwachen: etliche zum ewigen Leben, etliche zu ewiger Schmach und Schande. 3 Die Lehrer aber werden leuchten wie des Himmels Glanz, und die, so viele zur Gerechtigkeit weisen, wie die Sterne immer und ewiglich.

(12, 1) Wo die Not am größten ist, da ist Gottes Hilfe am nächsten: Der große Fürst Michael macht sich auf, für die Kinder seines Volkes einzutreten.

Bereits in Daniel 10, 13 wurde bewiesen, dass der große Fürst Michael, Jesus Christus ist. Das „sich aufmachen“ Christi soll aber in enger Beziehung zum Anschluss an die Ereignisse geschehen, die in den vorhergehenden Versen geweissagt wird. (Daniel 11, 45)

Von der Zeit an, als Christus als Hohepriester zur Rechten Gottes auf seines Vaters Thron erhöht wurde, steht die Weltgeschichte in dem Zeichen: „*Bis dass ich lege deine Feinde zum Schemel deiner Füße.*“ Ein fortdauernder Krieg ist damit geweissagt, bis das Ziel erreicht ist. Menschen wollen die Weltherrschaft an sich reißen, aber sie wollen sie nicht an den abgeben, dem sie mit Recht zugesteht.

Für Gottes Volk beinhaltet dieser Vers eine wichtige Mahnung, sich auf die trübselige Zeit vorzubereiten. Eine Verknüpfung von Offenbarung 16, 12-16 mit Daniel 11, 45 zeigt, dass das endgültige Sammeln der Könige in Verbindung mit den letzten Plagen Gottes geschieht. Für Satan heißt es; Er „*hat großen Zorn und weiß, dass er wenig Zeit hat.*“ Je kürzer seine Zeit, desto ausgefeilter und schrecklicher sein Zorn. Er entflammt alle menschlichen Leidenschaften, in dem er den schrecklichsten Krieg aller Kriege, den Religionskrieg anfachen wird. Jeder gegen jeden andersdenkenden, dies ist das Hauptmerkmal dieser Kriege. Terror, Anschläge, Verfolgung, Not und Angst was auch noch kommen mag, es wird die Handschrift Satans sein. Ein großer Trost für Sein Volk ist es, dass sie aus dieser „Zeit der Angst“ befreit werden (Jer. 30, 5-7).

Wenn die Gefahr am größten ist und der Untergang unvermeintlich erscheint, wird der große Fürst Michael (Jesus Christus) mit seinem Engelsheer erscheinen. (Joel 3, 5)

(12, 2) In engster Verbindung mit der Errettung durch Michael steht die Auferstehung der Toten.

In der Auferstehung herrscht, nach der Schrift, eine bestimmte Ordnung und Reihenfolge (1.Kor. 15, 23-24). Zuerst stand Christus auf, „*danach die, die Christus angehören, wenn er wiederkommen wird*“. Und erst nach dem Tausendjährigen Gericht „*die da gutes getan haben, zur Auferstehung des Lebens, die aber übles getan haben, zur Auferstehung des Gerichts.*“ (Joh. 5, 29).

Von dieser Regel gab es jedoch besondere Ausnahmen. So taten sich beim Tode Jesu „*die Gräber auf, und es standen auf viele Leiber der Heiligen, die da schliefen, und gingen aus ihren Gräbern nach seiner Auferstehung und kamen in die Heilige Stadt und erschienen vielen.*“ (Matth. 27, 52-53) Diese Bevorzugten durften den Auferstandenen im Triumphzug zur rechten Hand Gottes begleiten (Eph. 4, 8)

Die zweite Ausnahme steht in Offb. 1, 7. „*Siehe, er kommt mit den Wolken, und es werden ihn sehen alle Augen und die ihn zerstochen haben*“ Dementsprechend müssen alle, die den Heiland verklagten, höhnten, geißelten, kreuzigten und durchbohrten vor der Zeit auferstehen. Auch von den Gerechten jener Zeit werden einige vor der Zeit auferstehen, um den König Israels in seiner Herrlichkeit kommen zu sehen. Die einen „zum ewigen Leben“ die anderen aber zu „Schmach und ewigem Abscheu“.

4 Und du, Daniel, verbirg diese Worte und versiegle diese Schrift bis auf die Letzte Zeit; so werden viele darüberkommen und großen Verstand finden.

(12, 4) Ist die Zeit der Erfüllung nahe, dann lass das Buch offen zum Gebrauch; ist sie aber ferne, dann verschließe und bewahre es, bis die Zeit nahe ist. (Daniel 8, 19. 26; Offb. 22, 10)

Wichtige Aussagen:

- Diese Schrift ist für die letzte Zeit bestimmt und muss aufbewahrt werden.
- Vor der letzten Zeit wird ihr Sinn und Zweck nicht völlig enträtselt werden.
- Die Weissagungen Daniels und der Offenbarung werden in dem Maße entsiegelt oder verständlich, wie sie sich erfüllen.

Seit dem Ende des 19. Jahrhunderts gibt es viele Menschen die, die Schriften der Propheten durchforschen und mit der Weltgeschichte vergleichen. Aber auch Satan hat dies mitbekommen und er streut in seinem unbändigen Hass gegen das wahre Israel viele verschiedene Versionen der Auslegung in die Welt hinaus.

So gibt es viele, die der Offenbarung Christi keinen Glauben schenken, weder dem Buch Daniel, noch der Offenbarung und somit verloren gehen.

5 Und ich, Daniel, sah, und siehe, es standen zwei andere da, einer an diesem Ufer des Wassers, der andere an jenem Ufer. 6 Und er sprach zu dem in leinenen Kleidern, der über den Wassern des Flusses stand: Wann will's denn ein Ende sein mit solchen Wundern? 7 Und ich hörte zu dem in leinenen Kleidern, der über den Wassern des Flusses stand; und er hob seine rechte und linke Hand auf gen Himmel und schwur bei dem, der ewiglich lebt, daß es eine Zeit und zwei Zeiten und eine halbe Zeit währen soll; und wenn die Zerstreuung des heiligen Volkes ein Ende hat, soll solches alles geschehen.

(12, 5) Daniel ist immer noch am Wasser und schaut nun zu den in Leinen gekleideten (Daniel 10, 4-6). Das Wort, das hier mit Wasser übersetzt ist, wird meist mit dem Nil - Wasser in Verbindung gebracht. Dies wird die Verbindung der römischen Kirche und des geistigen Pharaos darstellen.

(12, 6) Die Frage ist, wie lange soll das wahre Israel im Neuen Testament unter der Drangsal des geistigen Ägyptens (Katholizismus) aushalten ?

(12, 7) Durch einen Schwur bekräftigt, erfolgt die Antwort von Seiten des wahren Herrschers Israels über die Dauer der Drangsal. Diese Zeitangabe entspricht genau den Daten in Offb. 11, 2-3 ; 12, 6. 14 ; 13, 5 und Daniel 7, 25.

Wie Abraham offenbart wurde, dass seine Nachkommen 400 Jahre lang in Ägypten dienen mussten, so offenbart Gott seinen Nachfolgern, dass es 1260 Jahre unter dem geistigen Ägypten zu leiden hat, dann aber das Gericht über den römischen Pharao hereinbrechen wird. Dies geschah 1798. Daran soll das wahre Israel erkenne, das die Endzeit da ist und die Zeit der völligen Errettung nahe ist.

Seit dieser Zeit wird das prophetische Wort vielen entsiegelt, die Erkenntnis mehrt sich und im Licht desselben sammelt sich das Israel Gottes und richtet das ewige Zeichen der Heiligung zwischen Gott und Israel im Sabbat (2. Mose 31, 13) und Gottes Gesetz durch den glauben Jesu von neuem auf.

8 Und ich hörte es; aber ich verstand's nicht und sprach: Mein Herr, was wird darnach werden? 9 Er aber sprach: Gehe hin, Daniel; denn es ist verborgen und versiegelt bis auf die letzte Zeit. 10 Viele werden gereinigt, geläutert und bewährt werden; und die Gottlosen werden gottlos Wesen führen, und die Gottlosen alle werden's nicht achten; aber die Verständigen werden's achten. 11 Und von der Zeit an, wenn das tägliche Opfer abgetan und ein Greuel; der Verwüstung aufgerichtet wird, sind tausend zweihundertundneunzig Tage. 12 Wohl dem, der da wartet und erreicht tausend dreihundert und fünfunddreißig Tage! 13 Du aber, Daniel, gehe hin, bis das Ende komme; und ruhe, daß du aufstehst zu deinem Erbteil am Ende der Tage!

(12, 8-9) Daniel wurde durch den Eidschwur bestätigt, dass mit dem ablaufen der 1260 Jahre die Endzeit beginnt. Aber die Genaue Zeit, wann die schrecklichsten aller Drangsale enden, wann also der Fürst Michael kommen würde um sein Volk zu erretten, das blieb vor ihm verborgen.

(12, 10) Diese Weissagung wird bleiben bis das Ende da ist. Es wird allerlei geschehen in diesen letzten Tagen, was die Menschen läutern und dadurch zum Verständnis geistlicher Dinge erziehen kann. Wenn dann viele diese Erziehung und Läuterung nicht tragen wollen, sondern ihren eigenen Weg gehen wollen und darum diese Weissagung nicht verstehen, so werden doch die, die sich läuten lassen diese Weissagungen und je weiter die Zeit fortschreitet, auch um so besser verstehen lernen.

Ehe der Herr kommt, müssen noch alle seine wahren Nachfolger den Kelch trinken, den er getrunken hat und sich taufen lassen mit der Taufe, womit er getauft wurde. Größeres Licht bringt auch schwerere Pflichten.

Manche werden aber vor diesem Leidenskelch zurückschrecken, von dem Jesus auf Golgatha selbst sprach : „*Mein Vater ist es möglich, so gehe dieser Kelch von mir. ... Wie ist mir bange, bis sie vollendet ist.*“ Nur wer im größten Trübsal und in schwersten Prüfungen mit dem Herrn sagen kann : „*Doch nicht mein, sondern dein Wille geschehe!*“ wird bestehen.

(12, 11) Die Unterdrückung des wahrhaftigen Gottesdienstes und der wahren Anbeter endet mit den 1290 Tagen (1798).

(12, 12) Etwas besonderes muss 45 Jahre später geschehen, das der Engel Gabriel dem Daniel dies bezeugt. Je mehr das geistliche Leben zunahm und die Bibel wieder zur Leuchte wurde, desto mehr kam aber auch wieder das prophetische Wort zu seiner Geltung. Schon Anfang des 18. Jahrhunderts gab es gründliche Erklärungen der Offenbarung und des Propheten Daniels.

Alle Ausleger waren sich einig, dass die 1260, 1290, 1335 und 2300 prophetischen Tage als Jahre, 1847 nach Christi Geburt endeten (1843/44) und dies der wichtige Endtermin aller prophetische Zeiten bezeichnet. Der Ausgangspunkt war der endgültige Befehl zum Wiederaufbau Jerusalems und des Tempels (457 v. Chr.). Dieses gemeinschaftliche Ende 1843/44 gingen mit schweren Prüfungen jener Zeit einher.

Das „ewige Evangelium vom Reich“ und die dreifache Engelsbotschaft (Offb. 14) wurde in der ganzen Welt verkündigt. Trotz der herrlichen Erfahrungen jener Tage war ihnen auch eine Traurigkeit und innere Enttäuschung beschieden. Auch damals, wie beim Einzug in Jerusalem, richtete der Herr sein Reich nicht sichtbar auf, dafür wurden im Himmel aber entscheidende Schritte getan, um sein Volk durch die Reinigung des wahren (Himmlischen) Heiligtums zu läutern und zu reinigen.

(12, 13) Der Tod, so endgültig und unausweichlich ist aus Gottes Sicht wie der Schlaf, der als ruhen bezeichnet wird. Seine Auferstehung „am Ende der Tage“ ist ihm gewiss. Auch auf de neuen Erde wird Daniel sein Erbteil bekommen.

Anhang

DAS BUCH DER PROPHET DANIEL, ist die Grundlage des Buches der OFFENBARUNG JESU CHRITI.

Dieses Buch berichtet, was der Apostel Johannes sah und hörte. Ständig werden Symbole gebraucht und häufig wechselt der Ort der Handlung von der Erde zum Himmel und zurück auf die Erde.

Das zentrale Thema ist die Entfaltung (Offenbarung) der Herrlichkeit Jesus Christus. Die Reihenfolge der Erzählung ist nicht chronologisch. Der Zusammenhang wird hauptsächlich gewährleistet durch Ereignisse, die symbolisch dargestellt werden. Um das Buch „*Die Offenbarung*“ zu verstehen sollte das Buch „*Der Prophet Daniel*“ zuerst studiert werden. Dies beildet die Grundlage und weist den Leser in die Richtige Zeit und den Zusammenahng der Geschehnisse hin. Wer beide Bücher als Gerüst der Geschehnisse und das Endziel im Auge hat wird den Sinn und Zweck der beiden Bücher erkennen.

ISBN 978-1-4461-2534-2

www.ingramcontent.com/pod-product-compliance
Ingram Content Group UK Ltd.
Pitfield, Milton Keynes, MK11 3LW, UK
UKHW012241240726
13966UKWH00003B/1212

9 781446 182901